CARLOS FUEN'I

HT1

Carlos Fuentes

Aura

Edited by Peter Standish

UNIVERSITY OF DURHAM 1986

Published by Manchester University Press
Oxford Road, Manchester M13 9NR, UK
and Room 400, 175 Fifth Avenue, New York, NY 10010, USA
www.manchesteruniversitypress.co.uk

Distributed exclusively in the USA by
Palgrave, 175 Fifth Avenue, New York NY 10010, USA

Distributed exclusively in Canada by
UBC Press, University of British Columbia, 2029 West Mall,
Vancouver, BC, Canada V6T 1Z2

British Library Cataloguing-in-Publication Data
A catalogue record for this book is available from the British Library

Library of Congress Cataloging-in-Publication Data
A catalog record for this book is available from the Library of Congress

ISBN 13: 978 0 7190 8183 5

First published 1986
First digital paperback edition published 2011

Printed by Lightning Source

Contents

For Elaine

Biographical Note

Carlos Fuentes was born in Panamá, in 1928, when his father was secretary to the Mexican embassy in that country. Don Rafael Fuentes' diplomatic career was to include periods as ambassador to the Netherlands, Italy, Portugal and to several countries in America. Carlos Fuentes' primary education began in Washington, in English, and he subsequently studied in an international school in Chile, in the United States, in Switzerland, in Mexico itself.

His literary activities date from the early fifties, his first significant publication, a collection of stories called *Los días enmascarados*, from 1954. Undoubtedly the best-known of Mexican writers, in and out of that country, he has kept very much in the public eye, thanks to an urbane and self-assured charm and an instinct for publicity. He has managed to combine cultured sophistication and social acceptability with Marxism, a fact which has not always endeared him to the authorities of the United States.

Much of his writing is an exploration of Mexican national identity, its myths and its mixture of cultures. However, he makes his living as much by writing articles for magazines and newspapers, by lectures and broadcasts. His success in this, and his social advantages, have caused some resentment in fellow writers. He has also been involved in a number of screenplays, and in recent years has written a little for the theatre. Meanwhile, his novels have become more aggressively experimental.

El hombre caza y lucha. La mujer intriga y sueña; es la madre de la fantasía, de los dioses. Posee la segunda visión, las alas que le permiten volar hacia el infinite del deseo y de la imaginación … Los dioses son como los hombres: nacen y mueren sobre el pecho de una mujer …

JULES MICHELET

Introduction

By definition, an Introduction precedes the text it refers to. However, for reasons which should become obvious, I urge the reader to read the text first, before continuing further here.

Although he had written two significant novels and some short stories beforehand, *La muerte de Artemio Cruz* (1962) was the work which really brought Carlos Fuentes fame. One side-effect of the success of that novel has been that *Aura*, which appeared at about the same time, was crowded out and has since languished in relative obscurity. We can trace a number of passing references to *Aura*, most of them suggesting (but not exploring) its richness and value. Thus, an American who has specialised in Fuentes' work claimed back in 1966 that many critics felt that *Aura* was Fuentes' best work to date, and that it surely deserved more serious attention.[1] Julio Cortázar, a master of short fiction, has confessed that he envies Fuentes for *Aura*, and Fuentes is on record as saying he has a particular liking for the story himself.[2]

Since *La muerte de Artemio Cruz* was Fuentes' first novel of renown it deserves a brief comment here. Fuentes explores the mind of Artemio Cruz in the twelve hours leading up to his death, tracing a similar number of episodes in his life and using these to reflect on the course of Mexican history in the present century. In concentrating on one focal character Fuentes is adopting more or less the opposite approach to the one he used in his first novel, *La región más transparente* (1958), for in the latter he attempted, less successfully, to deal with similar territory while availing himself of an ample cast of characters in a fragmented series of scenes. Not that *La muerte de Artemio Cruz* is free of complications for the reader. That it is convincing as a novel must be due to the fact that the obviously symbolic figure of Cruz, whose life in a sense is that of Mexico since its Revolution, with all its compromised ideals and its modern form of human sacrifices, is also believable as a character in his own right. The complications are of a narrative kind: instead of a chronological ordering of the episodes I have referred to above, Fuentes scrambles them, perhaps for a literary purpose, perhaps because that way they more appropriately represent the disorderly recollections of a man on his deathbed. Moreover, Cruz's personality is revealed by the use of different subject pronouns and verb tenses; thus *yo* is Cruz speaking in the present tense, *tú* is his own conscience in the future tense and *él* is a narrator observing Cruz in the past tense. Each of the forty-odd sections of the text begins with one of these pronouns. The purpose of the device is to multiply the perspectives on the central character, and the use of these various pronouns and verbs must be interpreted in terms of their mutual interaction within the novel, rather than by reference to any external norms. *Tú* as a narrative form is, of course, crucial in *Aura*, but the purpose of the device is not the same.

Fuentes was by no means the first writer to opt for a second person narrative form. One important predecessor (and quite possibly a model for Fuentes, for he is well-versed in French literature) is Michael Butor, whose *La Modification* appeared in 1957. A significant difference is that the second person in the French novel quickly fades from the reader's notice, whereas, in *Aura*, Fuentes seems to underline its presence and force it upon the reader's attention. For example, French does not allow the omission of subject pronouns as does Spanish; indeed their omission in Spanish is normal except for emphasis or to avoid ambiguity. But what ambiguity is there in a written *second* person Spanish verb form? Why does Fuentes choose to "write in" the redundant *tú* (e.g. "tú releerás") with such laboured results? And to whom does that *tú* refer?

It is arguable that one purpose in Fuentes' mind was precisely to force the reader to face up to questions of this type; in other words, his purpose was essentially a literary one, concerned with how one uses language to narrate. Yet most critics of *Aura* have assumed that the device is intended to enhance the atmosphere of mystery and enchantment which pervades the story. It is argued, most often, that the *tú* represents Felipe talking to himself or about himself, so that he is both protagonist and narrator. This is the line taken, for example, by Richard Reeve,[3] despite the fact that in his earlier review he had briefly written of how "the reader and narrator are assimilated into one *tú*".[4] A much more sophisticated case is made by Bejel and Beaudin, who also assume that Felipe is "personaje-narrador": "En el caso de *Aura*, el Hablante y el Oyente convergen en un mismo personaje, Felipe Montero que habla en tú de sí mismo".[5] The grounds for this assumption are perhaps not as clear as they could be, and one wonders if knowledge of the way *tú* is used in *La muerte de Artemio Cruz* might not be an influence upon it. These critics also argue that "Este recurso pronominal constituye una simul-taneidad de 'personas' que se desdoblan y multiplican en vez de reducirse".[6] Since the narrative *yo* is linked with the present and *tú* with the future, and since, furthermore, Felipe also refers to a past "self" in the person (*él*) of the General, the result is a multiple perspective on the central character, which also imposes simultaneity where there might have been a temporal sequence:

> . . . constituye una coincidencia de códigos que propone una profunda liberación (pronominal y espacio-temporal) que atraviesa el signo aceptado, tornándolo opaco, auto-enfocándolo, llevando el texto hacia un mundo mítico.[7]

Sophisticated though it is, this kind of argument rather loses sight of the reader by focussing too exclusively on the internal dynamics of the text. It is possible, even if Bejel and Beaudin are basically right, that the role of *tú* is a changing one, depending on the reader's perceptions. My initial reaction as I read *Aura* might well be that the *tú* is addressed to me and I might suppose that Fuentes wants to involve me, as reader, in the action, by identifying me with Felipe. Although Bejel and Beaudin pour scorn on such an idea,[8] believing it to be anti-semiotic, "una conjetura sin base sobre las posibles reacciones de algún lector real", Fuentes is undoubtedly aware of his reader

— real or potential — and clearly intends that he should in some way take part. The question is, how does Fuentes involve his reader, on what level, and for what purpose?

Before dealing with these questions in detail, let us turn to another interestingly different view, that of Santiago Rojas.[9] He notes (more accurately) that both present and future are used with *tú*. He points out that the use of a second-person pronoun as a form of address implies that someone is doing the addressing: he therefore concerns himself with who that addressing *yo* might be. If the *yo* is an *alter ego* of Felipe, as so many have assumed, if the experiences related in *Aura* boil down to something which we are asked to believe begins and ends in the mind of Felipe Montero, if, therefore, there is really only one character, Felipe himself, then:

> Todo lo que el lector llega a conocer de Felipe no justifica ni armoniza con la desmesurada dimensión que alcanza ese engendro de pesadilla . . . ni aclara el origen que motiva la aberración erótica ni el conocimiento y práctica del conjuro hechicero, satánico, que son los pileares y el fundamento que forman y sostienen la compleja estructura del relato.[10]

Rojas is surely right to hint that the specific details of the experience, even if it is a dream, require some further justification, unless we are to dismiss them all as inconsequential, as if accepting that the whole exercise is pointless — "a bit of literary inanity", as Harss and Dohman once called it.[11]

It is difficult to explain the events of *Aura* on a realistic level. How can Aura appear with Consuelo, be a simultaneous figure of the latter's younger self? How can Felipe be so ingenuous and unquestioning? But by seizing upon the figure of Consuelo, whom he regards as the only remaining alternative, Rojas claims to satisfy many of the questions other analyses leave unanswered. The memoirs of General Llorente are used by Fuentes to fill in the personal history of Consuelo, showing a narcissistic interest in her own beauty and an abnormal fear of ageing. A strong sexual appetite is allied with a frustrated desire to procreate, and these eventually lead to madness, witchcraft, drugs. Thus the General's:

> Le advertí a Consuelo que esos brebajes no sirven para nada: ella insiste en cultivar sus propias plantas en el jardín. Dice que no se engaña. Las hierbas no la fertilizarán en el cuerpo, pero sí en el alma . . . (p.47).

With the help of hallucinatory plants Consuelo wills an elaborate fantasy into being, a fantasy of which Felipe is a part. So far from it all being a creation of the mind of Felipe, as others argue, Rojas says that it is all a creation of the mind of Consuelo. Within the fictional world it is she, not he, who is the real person. *Tú* is indeed Felipe, but the *yo* is Consuelo.

In support, Rojas cites a letter from Fuentes,[12] which tells of how the idea of *Aura* arose from his interest in two pictures of Carlota of Belgium, wife of Maximilian, Archduke of Austria, whom Napoleon had installed as Emperor of Mexico in the mid-nineteenth century. One picture showed her as young and beautiful and the other as dead in her coffin, having finally lived in isolation and madness, still writing love letters to the assassinated Maximilian. It is also clear the Rojas explanation ties in with *Aura*'s epigraph, which quotes Jules Michelet. Furthermore, there is much to support the idea of Consuelo as an enchantress, accompanied, for example, by that standard magician's prop — the rabbit. Like Alice, Felipe is led into a wonderland of illogicalities and perplexities. But, pressing Rojas' idea a little further, Felipe is no longer the "real" character enchanted: he is himself part of the dream in the mind of the (fictionally) real Consuelo.

If all this is correct, then Fuentes's little book is a very daring one. All the signs at the outset point to a real Felipe, reading a newspaper, standing at a bus stop, contemplating the front of the old house, a Felipe who then, on crossing the threshold, appears to be confronted with the irrational and fantastic; but, on the contrary, it seems that the fantasy began on the first page, with Consuelo playing the (internal) narrator: Rojas' interpretation stops with Consuelo:

> . . . crea en su imaginación a Felipe . . . otorgándole una aparente independencia y dotándole de características que . . . poseen a la vez un admirable y vívido tono realista. La autonomía de Felipe, aunque ilusoria, es absolutamente necesaria en el plan urdido por la anciana.[13]

By Consuelo alone? For beyond Consuelo, of course, is another manipulator, the author. It is doubtful whether Fuentes is trying to hide behind her altogether, to disappear from the scene himself and leave an apparently autonomous fictional world. Rojas' interpretation almost amounts to calling the narrative form of *Aura* a stylistic variation of the traditional first-person novel. However, in *Aura* we have many instances of description or commentary about Aura-Consuelo which cannot easily be fitted into Rojas' narrative scheme, other than by resorting to the rather limp claim that anything is possible in a fantasy or dream. What seems instead to be the case is that events are narrated also from Felipe's point of view, and this would bring us back to the notion of some autonomy, after all, for Felipe as a character. It also seems fairly clear that the atmosphere and intrigue of the situation are things which the reader is meant to experience not wholly on an intellectual level, but with some element of personal involvement. Perhaps, then, the notion of the *tú* implying a reader-protagonist, a reader who identifies to some degree with Felipe and therefore feels his bewilderment vicariously, is not so easily dismissed.

Whatever the case — and disagreement among critics concerning many of Fuentes' works is quite normal — there has been general agreement amongst them on a number of *Aura*'s features. Many stress the Gothic atmosphere. Comparisons have been made with Henry James' *The Aspen Papers*, with stories of Edgar Allan Poe, with *Dr Jekyll and Mr Hyde*. Certainly the atmosphere is strongly conveyed, daunting and macabre; but to speak of atmosphere by itself is not enough; one has to attend to its details. For example, together with the images of blood and suffering, apparently meaningless grotesque rituals, signs of decadence and decay, there is a strong current of religious imagery, usually associated with sacrifice and sex. In all, Consuelo's world is a strange combination of the pagan and the Christian. At one point we encounter the blood-smattered Aura slitting the throat of a goat (p.40). Immediately before this scene we learn, through the General's memoirs, of the time when he found the young Consuelo torturing a cat, an action which he interpreted as symbolic:

> parce que tu m'avais dit que torturer les chats était ta manière à toi de rendre notre amour favorable, par un sacrifice symbolique . . . (p.39)

It is also worth noting that, contained within the basic dream-like setting, the protagonist has other dreams, possibly under the influence of drugs, and certainly revealing the insecurity that comes from incomprehension. In one of these Felipe sees a cadaverous body approaching him, with a bell which both summons and warns, a body which is now pliant and sensuous. The sense of the contact with the young girl's body is tempered with images of the world of the ageing Consuelo, and all of this foreshadows the final scene of the novella.

The connexion between sex and sacrifice is found again in this union. As they leave each other's embrace the female presence murmurs "Eres mi esposo", recalling the young girl who gave herself to the General. The most significant dream encounter, however, is one which brings together elements of witchcraft and Christianity and further confuses the images of Consuelo and Aura, also disturbing the layout of the sentences. Earlier, Aura has momentarily been cast in the stock role of imprisoned heroine, controlled by a witch ("prisionera al grado de imitar todos los movimientos de la señora Consuelo, como si sólo lo que hiciera la vieja le fuese permitido a la joven" (p.37)); but now the two women can no longer be regarded as separate. Taking refuge in sleep from the frightening perplexities of his situation, Felipe is faced again with the haggard old woman, this time in a bloodstained apron, giving way at once to an image of Aura, her green dress torn, her head shaven, her teeth those of the hag, her body dismembered, to be rescued by the same bell summoning him to a gruesome supper. He sits, distastefully fondling the broken cloth doll, eating his bizarre meal of cold kidneys, moving mechanically:

> sin darte cuenta, al principio, de tu propia actitud hipnótica, entreviendo, después, una razón de tu siesta opresiva, en tu pesadilla, identificando, al fin, tus movimientos de sonámbulo con los de Aura, con los de la anciana (p.41).

On his way to an assignation with Aura he passes Consuelo's room, touches mouldy walls, smells the heavy aroma of plants which, by the light of a match, he recognises as "este herbario que dilata las pupilas, adormece el dolor, alivia los partos, consuela, fatiga la voluntad, consuela con una calma voluptuosa" (p.42). With this last, repeated verb, a strong sense of hallucination is linked to the person of Consuelo. The woman he now encounters somehow does not fit the youthful figure of Aura, but seems to be moving towards old age. In a kind of spatial and temporal no-man's-land, aware only of the vague presence of Aura, of the "atmósfera *dorada* que los envuelve" (p.42, my italics), Felipe removes his shoes. In an obvious allusion to the biblical episode in which Christ had his feet washed by "a woman of the city, who was a sinner",[14] Aura now washes those of Felipe, and at the same time "dirige miradas furtivas al Cristo de madera negra" (p.43). Thereafter, they launch into a sensuous encounter, as Aura places the flour-filled doll on her thighs, and breaks it open to offer half the oblation to Felipe in a bizarre black communion. Felipe falls on her body:

> sobre sus brazos abiertos, extendidos de un extremo al otro de la cama, igual que el Cristo negro que cuelga del muro con su faldón de seda escarlata, sus rodillas abiertas, su costado herido, su corona de brezos montada sobre la peluca negra, enmarañada, entreverada con lentejuela de plata. Aura se abrirá como un altar (p.43).

This religious imagery is crude, as are the sexual gestures mingled with it; one should recall that once before, when the General found the young Consuelo torturing the cat, she was "abierta de piernas, con la crinolina levantada por delante" (p.39). As Consuelo herself comments, with unconscious irony: "A las viejas sólo nos queda . . . el placer de la devoción . . ." (pp. 32). And, in a later quotation from his memoirs, General Llorente will remark that the devil was once an angel (p.48).

The Christian dichotomies of virtue and sin, good and evil, which have found their way into the work of Valle-Inclán and Buñuel, for example, are here given a local gloss; the awesome combination of pagan mysticism and Christian ritual becomes less weird if one remembers that much of Latin-American culture, and not least that of Mexico, is the result of an admixture of Indian and Spanish cultures. The clashing elements which Fuentes writes into *Aura* amount to no more than a suggestion of the complex identity of modern Mexico.

> Hay una barroca conciencia latina, una mexicana propensión a la exageración convicta, que vinculan sutilmente el aura de *Aura* con el México que busca su destino.[15]

One is led again to the façades of the calle Donceles, or even to the Plaza de las Tres Culturas in the real Mexico City, a square which juxtaposes architecture of pre-Columbian, colonial, and modern kinds. The complexity does not stop with Mexico. Beneath the front of Catholicism in general there may lie elements of violence and sexual sublimation. At one point Fuentes even glances back to the medieval, with ambivalent images of the saintly and the demonic, of self-chastisement and sacrifice, of rape and murder. Elsewhere he hints that not even a single episode in history can be explained satisfactorily, when he makes an ironic reference to Felipe's *magnum opus,* "obra que resuma todas la crónicas dispersas, las haga inteligibles, encuentre todas las empresas y aventuras del siglo de oro, entre los prototipos humanos y el hecho mayor del Renacimiento" (p.35). An interest in unravelling, or at least portraying, the complex history of Mexico is nothing new in Fuentes; we find it in the short stories and in several novels. The same may be said of the mythological, the Gothic, the theme of the double, and the problem of time.

One might say that, rather than simply appearing, Aura insinuates herself into the action for the first time just after Felipe comes to the house; from this point the equation of Aura=Consuelo is hinted at. Importantly, it is not just a matter of Consuelo recalling or dreaming of her younger self: Aura is evoked as a simultaneous being, a contemporary other self for Consuelo. This is something which inevitably goes against the forces of reason, something too which Fuentes seems to refer to at the start of Chapter 5, when he writes of the "recuerdo inasible de la premonición". For Aura and Consuelo coexist in the fictional present, the time of Felipe's visit. In addition, both Aura (that is, the young Consuelo) and her much older husband, General Llorente, are recalled as figures of the past, by means of memoirs and photos. On perusing these, Felipe finds that Llorente "is" Felipe himself, but paradoxically both older and previous.

> Pegas esas fotografías a tus ojos, las levantas hacia el tragaluz : tapas con una mano la barba blanca del general Llorente, lo imaginas con el pelo negro y siempre te encuentras, borrado, perdido, olvidado, pero tú, tú, tú (p.48).

(Fuentes is making something of a mockery of chronology: remember that Felipe is an *historian*, that his role in the home is to put *memoirs* in order.) There are, then, two doubles: Aura/Consuelo and Llorente/Felipe. It would be satisfying if these occured in true symmetry, but they do not: Aura/Consuelo/Felipe co-occur in the fictional present, only Llorente and the younger Consuelo in the past; only when Consuelo says to Felipe "eres mi esposo" (p.37) does the presence of Llorente seem to be suggested in the fictional present. One way of accounting for the affront to reason and the disregard for the march of time which these things seem to represent is to say that they are part of a dream on fantasy, where, quite simply, the rational ordering of events is irrelevant. A second way of explaining it all might be in terms of an artificial representation of the cycle of human life, wherein the experiences, aspirations and hopes of one generation mirror those of another. So a major part of the puzzle of *Aura* results from the confusion of the time sequence in a way which seems anarchic; yet it is clear that Fuentes manipulates chronology the better to accommodate his theme of reincarnation, or rather simultaneity of existence. Consuelo both was and is Aura. Perhaps she even represents women at large; her eyes, for example, are "idénticos a todos los hermosos ojos verdes que has conocido o podrás conocer" (p.28). The final words of the novella suggest the possibility of flying in the face of time, as if by force of will. This, of course, cannot be accounted for rationally, but it is more conceivable within the context of a dream or hallucination, be it Consuelo's or the reader's. It is as though, once across the threshold of the house, the rules of time and space, and man's application of reason to the world he perceives about him, no longer hold good. This statement applies, whether or not we consider Felipe to be a dream character.

In a study of verb structures in *Aura*, another critic has claimed that "time revolves around the 'present' moment, and the Narrator . . . is able to create the impression of a voyage through time in which he pursues one disappearing instant after another".[16] He points out that the present indicative is dominant and that the present progressive (*estás contemplando*, etc.) is used less than ten times in the whole book: the reason for this, he concludes, is that the progressive gives an event a duration, whereas what Fuentes wants is to keep a constant sense of flow, of a succession of moments, so that time does not stand still, and no event is seen in a temporal perspective relative to any other. The effect is like a series of rapid camera shots. The only other tense which is really of significance is the future; imperfect, pluperfect, conditional, preterite, and so on — these are found occasionally — are relegated to obscurity:

> . . . the use or non-use of the verbal tenses is pre-ordained by this essentially selective orientation toward the present moment.[17]

How, then, does Nelson Rojas explain the many future forms? A narration wholly in the present tense, would, he says, be too flat and uniform and on this supposition he advances a claim that the future is a stylistic variant of the present. That claim is not so extraordinary as it may first appear: Rojas analyses some relevant passages and is basing his argument, at bottom, on sophisticated analyses of how Spanish verb structures operate.[18] Certainly it seems plausible that Fuentes aims to sweep along Felipe, if not his reader, in a dream-like flow of experience — perhaps it could best be described as a sort of temporal limbo. But Fuentes uses the future in a very deliberate, noticeable way and to say simply that it is a stylistic variant is not enough. Although the protagonist is carried along through no design of his own, there is surely a strong feeling that there is a design behind these events and that power to pre-ordain and control them rests with the narrator, if by the latter we understand either Consuelo or the author. It is a point which Rojas misses completely; in a footnote he observes that "the imperative mood does not belong, of course, in a narration".[19] On the contrary, anything is admissible in a narration, anything of which language is capable; in a narration in the second person one might even say that the imperative is likely. And is not one of the common functions of future and present tenses alike to prescribe or direct, much as in English a second person pronoun with a verb in the present can be used to give instructions — "You choose your colour, then you mix it with water and then you apply it in even strokes"? The future adds to this prescriptive quality a sense that the protagonist's behaviour is pre-ordained or pre-destined, that he is conforming to a plan laid down by a master figure, Consuelo or the author again.

It is quite obvious that the use of future forms by Fuentes is very deliberate; rather like Consuelo, but on a different level altogether, he is also out to entangle. Consuelo conjures up a web of intrigue with the help of a rabbit, and hallucinogens; Fuentes significantly calls that rabbit Saga, suggesting the beginning of another, literary kind of "trip". It is important to note that Fuentes does this with a certain degree of irony. Although the irony is apparently directed at the dreary memoirs of General Llorente, Fuentes seems to hint at his own writing in the following:

> Le bastará ordenar y leer los papeles para sentirse fascinado por esa prosa, por ese transparencia, esa, esa . . .
> Sí, comprendo.
> Saga, Saga. ¿Dónde está? Ici Saga. (p.27)

Many other narrative features in *Aura* suggest that Fuentes is very conscious of being an artificer; his other books show him intensely aware of narrative experimentation, of the role of the author as storyteller. The very use of the second person narrative is evidence of this; so is the somewhat heavy-handed "writing in" of subject pronouns. Powerful symbols, images and allusions are piled upon each other to confound the reader as much as Felipe; it is very difficult to account for these in a coherent, thematic way and one is forced back to the idea of this novella as an experience, essentially a literary experience at that, one which perhaps has no wider meaning, no message or relevance to ordinary life.·

Rodríguez Monegal, comparing *Aura* with Fuentes' earlier novels, notes that the latter present fewer problems for the reader. As before, Fuentes

> . . . busca aprehender . . . esa realidad pluridimensional que es la realidad de su México, realidad que no está hecho sólo de negociados con los Estados Unidos, incumplida reforma agraria, aceptación o rechazo de Fidel Castro, sino que está hecha también de los viejos mitos aztecas y las visiones de Freud . . .[20]

but *Aura* is both a key to and development from earlier works, difficult enough to have confused some critics but a work in which "[su] don de narrar . . . alcanza la felicidad". Critics could be forgiven for thinking Fuentes was again attempting a new documentary realism and for failing to forsee the rise of the fantastic; however, Monegal's own view is that *Aura* is less of a *divertissement* than a key work of transition.[21] In my view, this is not simply of transition to a literature of the fantastic, however prominent fantasy may appear to be. It is true that by regarding *Aura* as a fantasy we can cease to ask what the various mysterious and macabre ingredients mean; after all, anything is possible in ·a dream or fantasy and the only question then becomes to what extent is the fantasy convincing, how far is the reader carried away? If the reader identifies with Felipe (if *tú* refers to a reader-protagonist) then we must ask how successfully he is drawn into the illusion, whether the dream is his, the reader's.

The answer would have to be negative. One of the effects of *tú* as a narrative form is to draw attention to itself. To write stories in the third person is also manifestly an artificial thing and the author is just as carefully manipulating his reader as with a second-person narrative. But there is a crucial difference between the two. We are attuned to the convention of the third-person narrative and no longer notice the author behind it. *Tú*, on the other hand, because of its relative newness, reminds us that a writer is at work; therefore, it works against the involvement of the reader by means of illusion because it distances him from the action. If he does become involved, it is on a more intellectual level. Therefore, if we assume that Fuentes intended the reader to have a dreamlike experience, it appears that the devices, the unusualness of his style, have let him down. Yet it is doubtful that this was his only purpose, given his known literary skills and self-awareness. We must also bear in mind that the day has long past when novelists in general could be expected to take the reader by the hand and lead him into a world of make-believe: "The new novelists rather trust the reader's intelligence and invite his active participation. He must disentangle the novel's complexities as strenuously as the characters have to".[22] Felipe's bewilderment in Consuelo's labyrinth matches the reader's in that of Fuentes; if Felipe and the reader are not wholly identified with each other, then at least their situations are analogous to one another. Yet how is the reader to discern a meaning behind all this? He cannot resolve the cacophony of half-stated themes in a satisfactory way, nor can he be said simply to be drawn uncomprehending into the fantasy and to experience a kind of literary "trip".

Fuentes' next major novel may provide an answer to the dilemma. *Cambio de piel* (1967) won the prestigious Seix Barral prize and was promptly banned by the Spanish censors; in Mexico it was hailed variously as the finest example in the literary history of that country and a disaster of such an order that anyone who finished it deserved a medal. Enthusiasm for it in Europe and the United States is perhaps explained by the fact that it is more self-consciously experimental than his earlier works, evincing signs of influence from the French *nouveaux romanciers*. On balance, the view seems to be that *Cambio de piel* may not be so fine a novel as *Artemio Cruz* but that it is more ambitious. The concern that some have expressed that sometimes in Fuentes forms crowd out substance may be fairly applied to *Cambio de piel*. Fuentes uses parallel characters, a mysterious character-narrator figure ("yo soy el narrador y puedo cambiar a mi gusto los destinos"[23]), numerous flashbacks; there is little plot and an ambiguous conclusion, capped by a bizarre ritual epilogue. From Fuentes' point of view, whether the characters come to life or not is probably less important than the techniques of presentation themselves. At about the same time, in one of his books of essays, he had denied that the novel aimed to reveal any historical process or eschatology; all there was, he said, was an endless present, a repetition of ritualistic events.[24] In *La nueva novela latinoamericana* he writes: "La palabra es fundación del artificio: exigencia, desnivel frente al lector que quisiera adormecerse con la fácil seguridad de que lee la realidad",[25] and elsewhere in the same book he refers to a language of ambiguity, of plural meanings, one which conveys a constellation of allusions. So, by the time of *Cambio de piel*, Fuentes' wish to make the reader do his share of the work is more out in the open, and his technical tricks are too. In all this he is doing no more than moving with the tide of fiction, inside and outside Latin America; instead of novels which seek to represent ordinary life, by analogy, in recent years writers have tended towards what the French sometimes refer to as *le roman puzzle*. The reader is now faced with the prospect that the "meaning" of the fiction is to be found not in its paraphraseable content nor in its relevance to daily life, but in the very process of decipherment of its structure. The novelists call attention to their craft, inviting the reader to look at "the works", reminding him that the whole enterprise is artificial.

After the voluminous *Cambio de piel*, Fuentes came back to a modest hundred-odd pages in *Cumpleaños* (1970) and with it once again to the theme of reincarnation, with more mysterious symbolism and Gothic atmosphere. That, too, would be an extremely difficult novel to summarise without oversimplifying: suffice it to say that it poses problems of interpretation which are at least as complex as those of *Aura*, and that the narrator is central to the puzzle.

Fuentes has always been a literary experimenter, always sensitive to new trends and with an instinct for attracting public attention. His highly cosmopolitan background has no doubt contributed to this. While most modern Latin-American authors have gravitated towards Europe, with Paris as something of a Mecca for them, Fuentes is more at home with other languages and cultures than most. He was born into a diplomatic family and his early life included periods in Mexico, Chile, Washington and Geneva. He learned English when he was four and began a university career in the Catholic University of Washington before transferring to the law faculty in Mexico City. He is similarly at home in French and with this linguistic variety combines a personal style which enables him to move with ease in cultured circles. His languages have made it easier for him than it is for most writers to live exclusively by the pen: his name is closely associated with the cultural section of the Mexican magazine *Siempre*, but he is just as likely to crop up in an English or American magazine. *La región más transparente* is said to have been drafted in English, and Dos Passos' *Manhattan Transfer* is claimed as a marked influence upon that book. Other writers of whom it is often said that they have influenced modern Latin-American authors — Faulkner, Joyce, Lawrence — are perhaps more intimately known by Fuentes. All this, however, does not mean that his Spanish suffers in any way: on the contrary he can be said to be amongst the language's better stylists.

A further consideration is undoubtedly the interaction between Latin-American authors of our day; it is now quite commonplace for them to read and criticise each others' works in draft and they are well aware of each others' literary activities. One thinks especially of certain affinities between Fuentes and Julio Cortázar, though Fuentes may lack the Argentinian's anarchic humour and inventiveness. Indeed, some critics have doubted whether Fuentes has yet achieved, or will achieve, the potential which his obvious talents and favourable background seem to promise. Some of his works have been rather lifeless, some a little hermetic; sometimes (like Cortázar) he seems to be slipping into trendiness.

It is up to the reader of this edition to decide how far this applies to *Aura*, whether the exercise is a sterile one, or whether it succeeds and by what criteria. What is inescapably true is that the reader must face the challenge, that he cannot sit idly by and expect to have things spelled out for him. One might say that as modern writers force the reader to become less of a passive observer and more of a contributor to the experience of a fiction, then the fiction itself eventually becomes less self-sufficient, less complete and satisfactory as an independent entity. As a consequence, the business of criticism must logically become less practicable, since the works it deals with are no longer meaningful in terms of themselves, but instead have a meaning predicated to a great degree on the participation of each different reader. The critic might eventually be reduced to describing the mechanics, unable to make any cogent statement about interpretation. The pleasure of reading might be at risk of being lost, because the challenge becomes too great and the rewards too meagre. Yet today there are signs that writers are becoming aware of that risk. Even if I am right in suggesting that *Aura* heralded the trend towards what is sometimes called self-referential literature, we must not forget that more than twenty years have elapsed since, and that that is a long period in the evolution of the modern Latin-American novel.

Notes to Introduction

[1] Richard Reeve, in a review in *Hispania*, XLIX (1966), p.355.
[2] See Luis Harss, *Los Nuestros* (Buenos Aires: Editorial Sudamericana, 1966). Harss, however, is distinctly dismissive: see pp.370-71.
[3] "Carlos Fuentes y el desarrollo del narrador en segunda persona: un ensayo exploratorio", in Helmy F Giacoman (ed.) *Homenaje a Carlos Fuentes*, (New York: Las Américas, 1971), pp.75-87.
[4] See Note 1 above.
[5] "*Aura* de Fuentes: La liberación de los espacios simultáneos", *Hispanic Review*, XLVI (1978), p.469.
[6] "*Aura* de Fuentes", p.468.
[7] "*Aura* de Fuentes", p.470.
[8] "*Aura* de Fuentes", p.467. Their comment is made with reference to the article by Robert G. Mead Jr: "Carlos Fuentes, airado novelista Mexicano", *Hispania*, L (1967), pp.229-35.
[9] "Modalidad narrativa en *Aura*: realidad y enajenación", *Revista Iberoamericana*, CXII-CXIII (1980), pp.487-97.
[10] "Modalidad", p.489.
[11] Luis Harss and Barbara Dohman, *Into the Mainstream* (New York: Harper and Row, 1967), p.302.
[12] To Gloria Bradley Durán and quoted by Manuel Durán in *Tríptico Mexicano* (Mexico: Sep Setentas, 1971), p.95.
[13] "Modalidad", pp.491-92.
[14] Luke VII, 36.
[15] Mario Benedetti, "Del signo barroco al espejismo" in *Letras del continente mestizo* (Montevideo: Arca, 1967), p.202.
[16] Nelson Rojas, "Time and tense in Carlos Fuentes' *Aura*", *Hispania*, XLI (1978), p.863.
[17] "Time and tense", p.862.
[18] Among them S. Gili Gaya's *Curso superior de sintaxis española* (Barcelona: Bibliograf, 1970) and W E Bull's *Time, Tense and the Verb* (University of California Press, 1960).

[19] "Time and tense . . .", p.864.
[20] Emir Rodríguez Monegal, *Narradores de esta América 2*, (Buenos Aires: Editorial Alfal, 1974), p.248.
[21] *Narradores*, pp. 264 and 268.
[22] D.P. Gallagher, *Modern Latin American Literature* (Oxford: OUP, 1973), p.92.
[23] *Cambio de piel* (Mexico City: Joaquín Mortiz, 1967), p.431.
[24] "Situación del escritor en América Latina", *Mundo Nuevo* I (1966), p.11.
[25] Mexico City: Joaquín Mortiz, 1969, p.56.

Capítulo I

Lees ese anuncio: una oferta de esa naturaleza no se hace todos los días. Lees y relees el aviso. Parece dirigido a ti, a nadie más. Distraído, dejas que la ceniza del cigarro caiga dentro de la taza de té que has estado bebiendo en este cafetín sucio y barato. Tú releerás. Se solicita historiador joven. Ordenado. Escrupuloso. Conocedor de la lengua francesa. Conocimiento perfecto, coloquial. Capaz de desempeñar labores de secretario. Juventud, conocimiento del francés, preferible si ha vivido en Francia algún tiempo. Tres mil pesos mensuales, comida y recámara cómoda, asoleada, apropiada estudio. Sólo falta tu nombre. Sólo falta que las letras más negras y llamativas del aviso informen: Felipe Montero. Se solicita Felipe Montero, antiguo becario en la Sorbona, historiador cargado de datos inútiles, acostumbrado a exhumar papeles amarillentos, profesor auxiliar en escuelas particulares, novecientos pesos mensuales. Pero si leyeras eso, sospecharías, lo tomarías a broma. Donceles 815. Acuda en persona. No hay teléfono.

Recoges tu portafolio y dejas la propina. Piensas que otro historiador joven, en condiciones semejantes a las tuyas, ya ha leído ese mismo aviso, tomado la delantera, ocupado el puesto. Tratas de olvidar mientras caminas a la esquina. Esperas el autobús, enciendes un cigarrillo, repites en silencio las fechas que debes memorizar para que esos niños amodorrados te respeten. Tienes que prepararte. El autobús se acerca y tú estás observando las puntas de tus zapatos negros. Tienes que prepararte. Metes la mano en el bolsillo, juegas con las monedas de cobre, por fin escoges treinta centavos, los aprietas con el puño y alargas el brazo para tomar firmemente el barrote de fierro del camión[1] que nunca se detiene, saltar, abrirte paso, pagar los treinta centavos, acomodarte difícilmente entre los pasajeros apretujados que viajan de pie, apoyar tu mano derecha en el pasamanos, apretar el portafolio contra el costado y colocar distraídamente la mano izquierda sobre la bolsa trasera del pantalón, donde guardas los billetes.[2]

Vivirás ese día, idéntico a los demás, y no volverás a recordarlo sino al día siguiente, cuando te sientes de nuevo en la mesa del cafetín, pidas el desayuno y abras el periódico. Al llegar a la página de anuncios, allí estarán, otra vez, esas letras destacadas: *historiador joven*. Nadie acudió ayer. Leerás el anuncio. Te detendrás en el último renglón: cuatro mil pesos.

Te sorprenderá imaginar que alguien vive en la calle de Donceles. Siempre has creído que en el viejo centro de la ciudad no vive nadie. Caminas con lentitud, tratando de distinguir el número 815 en este conglomerado de viejos palacios coloniales convertidos en talleres de reparación, relojerías, tiendas de zapatos y expendios de aguas frescas. Las nomenclaturas han sido revisadas, superpuestas, confundidas. El 13 junto al 200, el antiguo azulejo numerado — 47 — encima de la nueva advertencia pintada con tiza: *ahora* 924. Levantarás la mirada a los segundos pisos: allí nada cambia. Las sinfonolas no perturban, las luces de mercurio no iluminan, las baratijas expuestas no adornan ese segundo rostro de los edificios. Unidad del tezontlé,[3] los nichos con sus santos troncos coronados de palomas, la piedra labrada de barroco mexicano, los balcones de celosía, las troneras y los canales de lámina, las gárgolas de arenisca. Las ventanas ensombrecidas por largas cortinas verdosas : esa ventana de la cual se retira alguien en cuanto tú la miras, miras la portada de vides caprichosas, bajas la mirada al zaguán despintado y descubres 815, *antes* 69.[4]

Tocas en vano con esa manija, esa cabeza de perro en cobre, gastada, sin relieves: semejante a la cabeza de un feto canino en los museos de ciencias naturales.[5] Imaginas que el perro te sonríe y sueltas su contacto helado. La puerta cede al empuje levísimo, de tus dedos, y antes de entrar miras por última vez sobre tu hombro, frunces el ceño porque la larga fila detenida de camiones y autos gruñe, pita, suelta el humo insano de su prisa. Tratas, inútilmente, de retener una sola imagen de ese mundo exterior indiferenciado.

Cierras el zaguán detrás de ti e intentas penetrar la oscuridad de ese callejón techado — patio, porque puedes oler el musgo, la humedad de las plantas, las raíces podridas, el perfume adormecedor y espeso —. Buscas en vano una luz que te guíe. Buscas la caja de fósforos en la bolsa de tu saco[6] pero esa voz aguda y cascada te advierte desde lejos:

— No . . . no es necesario. Le ruego. Camine trece pasos hacia el frente y encontrará la escalera a su derecha. Suba, por favor. Son veintidós escalones. Cuéntelos.

Trece. Derecha. Veintidós.

El olor de la humedad, de las plantas podridas, te envolverá mientras marcas tus pasos, primero sobre las baldosas de piedra, enseguida sobre esa madera crujiente, fofa por la humedad y el encierro. Cuentas en voz baja hasta veintidós y te detienes, con la caja de fósforos entre las manos, el portafolio apretado contra las costillas. Tocas esa puerta que huele a pino viejo y húmedo; buscas una manija; terminas por empujar y sentir, ahora, un tapete bajo tus pies. Un tapete delgado, mal extendido, que te hará tropezar y darte cuenta de la nueva luz, grisácea y filtrada, que ilumina ciertos contornos.

— Señora — dices con una voz monótona, porque crees recordar una voz de mujer — Señora . . .

— Ahora a su izquierda. La primera puerta. Tenga la amabilidad.

Empujas esa puerta — ya no esperas que alguna se cierre propiamente; ya sabes que todas son puertas de golpe — y las luces dispersas se trenzan en tus pestañas, como si atravesaras una tenue red de seda. Sólo tienes ojos para esos muros de reflejos desiguales, donde parpadean docenas de luces. Consigues, al cabo, definirlas como veladoras, colocadas sobre repisas y entrepaños de ubicación asimétrica. Levemente, iluminan otras luces que son corazones de plata, frascos de cristal, vidrios enmarcados, y sólo detrás de este brillo intermitente verás, al fondo, la cama y el signo de una mano que parece atraerte con su movimiento pausado. Lograrás verla cuando des la espalda a ese firmamento de luces devotas. Tropiezas al pie de la cama; debes rodearla para acercarte a la cabecera. Allí, esa figura pequeña se pierde en la inmensidad de la cama; al extender la mano no tocas otra mano, sino la piel gruesa, afieltrada, las orejas de ese objeto que roe con un silencio tenaz y te ofrece sus ojos rojos: sonríes y acaricias al conejo que yace al lado de la mano que, por fin, toca la tuya con unos dedos sin temperatura que se detienen largo tiempo sobre tu palma húmeda, la voltean y acercan tus dedos abiertos a la almohada de encajes que tocas para alejar tu mano de la otra.

— Felipe Montero. Leí su anuncio.

— Sí, ya sé. Perdón no hay asiento.[7]

— Estoy bien. No se preocupe.

— Está bien. Por favor, póngase de perfil. No lo veo bien. Que le dé la luz. Así. Claro.

— Leí su anuncio . . .

— Claro. Lo leyó. ¿Se siente calificado? — Avez vous fait des études?

— A Paris, madame.

— Ah, oui, ça me fait plaisir, toujours, toujours, d'entendre . . . oui . . . vous savez . . . on était tellement habitué . . . et après . . .

Te apartarás para que la luz combinada de la plata, la cera y el vidrio dibuje esa cofia de seda que debe recoger un pelo muy blanco y enmarcar un rostro casi infantil de tan viejo.[8] Los apretados botones del cuello blanco que sube hasta las orejas ocultas por la cofia, las sábanas y los edredones velan todo el cuerpo con excepción de los brazos envueltos en un chal de estambre, las manos pálidas que descansan sobre el vientre: sólo puedes fijarte en el rostro, hasta que un movimiento del conejo te permite desviar la mirada y observar con disimulo esas migajas, esas costras de pan regadas sobre los edredones de seda roja, raídos y sin lustre.

— Voy al grano. No me quedan muchos años por delante, señor Montero, y por ello he preferido violar la costumbre de toda una vida y colocar ese anuncio en el periódico.

— Sí, por eso estoy aquí.

— Sí. Entonces acepta.

— Bueno, desearía saber algo más . . .

— Naturalmente. Es usted curioso.

Ella te sorprenderá observando la mesa de noche, los frascos de distinto color, los vasos, las cucharas de aluminio, los cartuchos alineados de píldoras y comprimidos, los demás vasos manchados de líquidos blancuzcos que están dispuestos en el suelo, al alcance de la mano de la mujer recostada sobre esta cama baja. Entonces te darás cuenta de que es una cama apenas elevada sobre el ras del suelo, cuando el conejo salte y se pierda en la oscuridad.

— Le ofrezco cuatro mil pesos.

— Sí, eso dice el aviso de hoy.

— Ah, entonces ya salió.

— Sí, ya salió.

— Se trata de los papeles de mi marido, el general Llorente. Deben ser ordenados antes de que muera. Deben ser publicados. Lo he decidido hace poco.

— Y el propio general, ¿no se encuentra capacitado para . . .?

— Murió hace sesenta años, señor. Son sus memorias inconclusas. Deben ser completadas. Antes de que yo muera.

— Pero . . .

— Yo le informaré de todo. Usted aprenderá a redactar en el estilo de mi esposo. Le bastará ordenar y leer los papeles para sentirse fascinado por esa prosa, por esa transparencia, esa, esa . . .

— Sí, comprendo.

— Saga. Saga. ¿Dónde está? Ici, Saga . . .

— ¿Quién?

— Mi compañía.

— ¿El conejo?

— Sí, volverá.

Levantarás los ojos, que habías mantenido bajos, y ella ya habrá cerrado los labios, pero esa palabra — volverá — vuelves a escucharla como si la anciana la estuviese pronunciando en ese momento. Permanecen inmóviles. Tú miras hacia atrás; te ciega el brillo de la corona parpadeante de objetos religiosos. Cuando vuelves a mirar a la señora, sientes que sus ojos se han abierto desmesuradamente y que son claros, líquidos, inmensos, casi del color de la córnea amarillenta que los rodea, de manera que sólo el punto negro de la pupila rompe esa claridad perdida, minutos antes, en los pliegues gruesos de los párpados caídos como para proteger esa mirada que ahora vuelve a esconderse — a retraerse, piensas — en el fondo de su cueva seca.

— Entonces se quedará usted. Su cuarto está arriba. Allí sí entra la luz.

— Quizás, señora, sería mejor que no la importunara. Yo puedo seguir viviendo donde siempre y revisar los papeles en mi propia casa . . .

— Mis condiciones son que viva aquí. No queda mucho tiempo.

— No sé . . .

— Aura . . .

La señora se moverá por la primera vez desde que tú entraste a su recámara; al extender otra vez su mano, tú sientes esa respiración agitada a tu lado y entre la mujer y tú se extiende otra mano que toca los dedos de la anciana. Miras a un lado y la muchacha está allí, esa muchacha que no alcanzas a ver de cuerpo entero porque está tan cerca de ti y su aparición fue imprevista, sin ningún ruido — ni siquiera los ruidos que no se escuchan pero que son reales porque se recuerdan inmediatamente, porque a pesar de todo son más fuertes que el silencio que los acompañó —.

— Le dije que regresaría . . .

— ¿Quién?

— Aura. Mi compañera. Mi sobrina.

— Buenas tardes.

La joven inclinará la cabeza y la anciana, al mismo tiempo que ella, remedará el gesto.

— Es el señor Montero. Va a vivir con nosotras.

Te moverás unos pasos para que la luz de las veladoras no te ciegue. La muchacha mantiene los ojos cerrados, las manos cruzadas sobre un muslo: no te mira. Abre los ojos poco a poco, como si temiera los fulgores de la recámara. Al fin, podrás ver esos ojos de mar que fluyen, se hacen espuma, vuelven a la calma verde, vuelven a inflamarse como una ola: tú los ves y te repites que no es cierto, que son unos hermosos ojos verdes idénticos a todos los hermosos ojos verdes que has conocido o podrás conocer. Sin embargo, no te engañas: esos ojos fluyen, se transforman, como si te ofrecieran un paisaje que sólo tú puedes adivinar y desear.

— Sí. Voy a vivir con ustedes.

Capítulo II

La anciana sonreirá, incluso reirá con su timbre agudo y dirá que le agrada tu buena voluntad y que la joven te mostrará tu recámara, mientras tú piensas en el sueldo de cuatro mil pesos, el trabajo que puede ser agradable porque a ti te gustan estas tareas meticulosas de investigación, que excluyen el esfuerzo físico, el traslado de un lugar a otro, los encuentros inevitables y molestos con otras personas. Piensas en todo esto al seguir los pasos de la joven — te das cuenta de que no la sigues con la vista, sino con el oído: sigues el susurro de la falda, el crujido de una tafeta — y estás ansiando, ya, mirar nuevamente esos ojos. Asciendes detrás del ruido, en medio de la oscuridad, sin acostumbrarte aún a las tinieblas: recuerdas que deben ser cerca de las seis de la tarde y te sorprende la inundación de luz de tu recámara, cuando la mano de Aura empuje la puerta — otra puerta sin cerradura — y en seguida se aparte de ella y te diga:

— Aquí es su cuarto. Lo esperamos a cenar dentro de una hora.[9]

Y se alejará, con ese ruido de tafeta, sin que hayas podido ver otra vez su rostro.

Cierras — empujas — la puerta detrás de ti y al fin levantas los ojos hacia el tragaluz inmenso que hace las veces de techo. Sonríes al darte cuenta de que ha bastado la luz del crepúsculo para cegarte y contrastar con la penumbra del resto de la casa. Pruebas, con alegría, la blandura del colchón en la cama de metal dorado y recorres con la mirada el cuarto: el tapete de lana roja, los muros empapelados, oro y oliva, el sillón de terciopelo rojo, la vieja mesa de trabajo, nogal y cuero verde, la lámpara antigua, de quinqué, luz opaca de tus noches de investigación, el estante clavado encima de la mesa, al alcance de tu mano, con los tomos encuadernados. Caminas hacia la otra puerta y al empujarla descubres un baño pasado de moda : tina de cuatro patas, con florecillas pintadas sobre la porcelana, un aguamanil azul, un retrete incómodo. Te observas en el gran espejo ovalado del guardarropa, también de nogal, colocado en la sala de baño. Mueves tus cejas pobladas, tu boca larga y gruesa que llena de vaho el espejo; cierras tus ojos negros y, al abrirlos, el vaho habrá desaparecido. Dejas de contener la respiración y te pasas una mano por el pelo oscuro y lacio; tocas con ella tu perfil recto, tus mejillas delgadas. Cuando el vaho opaque otra vez el rostro, estarás repitiendo ese nombre, Aura.

Consultas el reloj, después de fumar dos cigarrillos recostado en la cama. De pie, te pones el saco y te pasas el peine por el cabello. Empujas la puerta y tratas de recordar el camino que recorriste al subir. Quisieras dejar la puerta abierta, para que la luz del quinqué te guíe: es imposible, porque los resortes la cierran. Podrías entretenerte columpiando esa puerta. Podrías tomar el quinqué y descender con él. Renuncias porque ya sabes que esta casa siempre se encuentra a oscuras. Te obligarás a concocerla y reconocerla por el tacto.[10] Avanzas con cautela, como un ciego, con los brazos extendidos, rozando la pared, y es tu hombro lo que, inadvertidamente, aprieta el contacto de la luz eléctrica. Te detienes, guiñando, en el centro iluminado de ese largo pasillo desnudo. Al fondo, el pasamanos y la escalera de caracol.

Desciendes contando los peldaños: otra costumbre inmediata que te habrá impuesto la casa de la señora Llorente. Bajas contando y das un paso atrás cuando encuentres los ojos rosados del conejo que en seguida te da la espalda y sale saltando.

No tienes tiempo de detenerte en el vestíbulo porque Aura, desde una puerta entreabierta de cristales opacos, te estará esperando con el candelabro en la mano. Caminas, sonriendo, hacia ella; te detienes al escuchar los maullidos dolorosos de varios gatos — sí, te detienes a esuchar, ya cerca de la mano de Aura, para cerciorarte de que son varios gatos — y la sigues a la sala : Son los gatos — dirá Aura —. Hay tanto ratón en esta parte de la ciudad.

Cruzan[11] el salón : muebles forrados de seda mate, vitrinas donde han sido colocados muñecos de porcelana, relojes musicales, condecoraciones y bolas de cristal; tapetes de diseño persa, cuadros con escenas bucólicas, las cortinas de terciopelo verde corridas. Aura viste de verde.

— ¿Se encuentra cómodo?
— Sí. Pero necesito recoger mis cosas en la casa donde . . .
— No es necesario. El criado ya fue a buscarlas.
— No se hubieran molestado.

Entras, siempre detrás de ella, al comedor. Ella colocará el candelabro en el centro de la mesa; tú sientes un frío húmedo. Todos los muros del salón están recubiertos de una madera oscura, labrada al estilo gótico, con ojivas y rosetones calados. Los gatos han dejado de maullar. Al tomar asiento, notas que han sido dispuestos cuatro cubiertos y que hay dos platones calientes bajo cacerolas de plata y una botella vieja y brillante por el limo verdoso que la cubre.

Aura apartará la cacerola. Tú aspiras el olor pungente de los riñones en salsa de cebolla que ella te sirve mientras tú tomas la botella vieja y llenas los vasos de cristal cortado con ese líquido rojo y espeso. Tratas, por curiosidad, de leer la etiqueta del vino, pero el limo lo impide. Del otro platón, Aura toma unos tomates enteros, asados.

— Perdón — dices, observando los dos cubiertos extra, las dos sillas desocupadas — ¿Esperamos a alguien más?

Aura continúa sirviendo los tomates:

— No. La señora Consuelo se siente débil esta noche. No nos acompañará.

— ¿La señora Consuelo? ¿Su tía?
— Sí. Le ruega que pase a verla después de la cena.

Comen en silencio. Beben ese vino particularmente espeso, y tú desvías una y otra vez la mirada para que Aura no te sorprenda en esa impudicia hipnótica que no puedes controlar. Quieres, aún entonces, fijar las facciones de la muchacha en tu mente. Cada vez que desvíes la mirada, las habrás olvidado ya y una urgencia impostergable te obligará a mirarla de nuevo. Ella mantiene, como siempre, la mirada baja y tú, al buscar el paquete de cigarrillos en la bolsa del saco, encuentras ese llavín, recuerdas, le dices a Aura:

— ¡Ah! Olvidé que un cajón de mi mesa está cerrado con llave. Allí tengo mis documentos.

Y ella murmurará:

— Entonces . . . ¿quiere usted salir?

Lo dice como un reproche. Tú te sientes confundido y alargas la mano con el llavín colgado de un dedo, se lo ofreces.

— No urge.

Pero ella se aparta del contacto de tus manos, mantiene las suyas sobre el regazo, al fin levanta la mirada y tú vuelves a dudar de tus sentidos, atribuyes al vino el aturdimiento, el mareo que te producen esos ojos verdes, limpios, brillantes, y te pones de pie, detrás de Aura, acariciando el respaldo de madera de la silla gótica, sin atreverte a tocar los hombros desnudos de la muchacha, la cabeza que se mantiene inmóvil. Haces un esfuerzo para contenerte, distraes tu atención escuchando el batir imperceptible de otra puerta, a tus espaldas, que debe conducir a la cocina, descompones los dos elementos plásticos del comedor: el círculo de luz compacta que arroja el candelabro y que ilumina la mesa y un extremo del muro labrado, el círculo mayor, de sombra, que rodea al primero. Tienes, al fin, el valor de acercarte a ella, tomar su mano, abrirla y colocar el llavero, la prenda, sobre esa palma lisa.

La verás apretar el puño, buscar tu mirada, murmurar:

— Gracias . . . —, levantarse, abandonar de prisa el comedor.

Tú tomas el lugar de Aura, estiras las piernas, enciendes un cigarrillo, invadido por un placer que jamás has conocido, que sabías parte de ti, pero que sólo ahora experimentas plenamente, liberándolo, arrojándolo fuera porque sabes que esta vez encontrará respuesta . . . Y la señora Consuelo te espera: ella te lo advirtió: te espera después de la cena . . .

Has aprendido el camino. Tomas el candelabro y cruzas la sala y el vestíbulo. La primera puerta, frente a ti, es la de la anciana. Tocas con los nudillos, sin obtener respuesta. Tocas otra vez. Empujas la puerta; ella te espera. Entras con cautela, murmurando:

— Señora . . . Señora . . .

Ella no te habrá escuchado, porque la descubres hincada ante ese muro de las devociones, con la cabeza apoyada contra los puños cerrados. La ves de lejos: hincada, cubierta por ese camisón de lana burda, con la cabeza hundida en los hombros delgados: delgada como una escultura medieval,

emaciada: las piernas se asoman como dos hebras debajo del camisón,
flacas, cubiertas por una erisipela inflamada; piensas en el roce continuo de
la tosca lana sobre la piel, hasta que ella levanta los puños y pega al aire sin
fuerzas, como si librara una batalla contra las imágenes que, al acercarte,
empiezas a distinguir: Cristo, María, San Sebastián, Santa Lucía, el
Arcángel Miguel, los demonios sonrientes, los únicos sonrientes en esta
iconografía del dolor y la cólera: sonrientes porque, en el viejo grabado
iluminado por las veladoras, ensartan los tridentes en la piel de los
condenados, les vacían calderones de agua hirviente, violan a las mujeres,
se embriagan, gozan de la libertad vedada a los santos. Te acercas a esa
imagen central, rodeada por las lágrimas de la Dolorosa, la sangre del
Crucificado, el gozo de Luzbel, la cólera del Arcángel, las vísceras
conservadas en frascos de alcohol, los corazones de plata: la señora
Consuelo, de rodillas, amenaza con los puños, balbucea las palabras que,
ya cerca de ella, puedes escuchar:

— Llega, Ciudad de Dios; suena, trompeta de Gabriel; ¡Ay, pero cómo
tarda en morir el mundo!

Se golpeará el pecho hasta derrumbarse, frente a las imágenes y las
veladoras, con un acceso de tos. Tú la tomas de los codos, la conduces
dulcemente hacia la cama, te sorprendes del tamaño de la mujer: casi una
niña, doblada, corcovada, con la espina dorsal vencida: sabes que, de no ser
por tu apoyo, tendría que regresar a gatas a la cama. La recuestas en el gran
lecho de migajas y edredones viejos, la cubres, esperas a que su respiración
se regularice, mientras las lágrimas involuntarias le corren por las mejillas
transparentes.

— Perdón . . . Perdón, señor Montero . . . A las viejas sólo nos
queda . . . el placer de la devoción . . . Páseme el pañuelo, por favor.

— La señorita Aura me dijo . . .

— Sí, exactamente. No quiero que perdamos tiempo . . .
Debe . . . debe empezar a trabajar cuanto antes . . . Gracias . . .

— Trate usted de descansar.

— Gracias . . . Tome . . .

La vieja se llevará las manos al cuello, lo desabotonará, bajará la cabeza
para quitarse ese listón morado, luido, que ahora te entrega: pesado,
porque una llave de cobre cuelga de la cinta.

— En aquel rincón . . . Abra ese baúl y traiga los papeles que están a la
derecha, encima de los demás . . . amarrados con un cordón amar-
illo . . .

— No veo muy bien . . .

— Ah, sí . . . Es que yo estoy tan acostumbrada a las tinieblas. A mi
derecha . . . Camine y tropezará con el arcón . . . Es que nos amura-
llaron, señor Montero. Han construido alrededor de nosotras, nos han
quitado la luz. Han querido obligarme a vender. Muertas, antes. Esta casa
está llena de recuerdos para nosotras. Sólo muerta me sacarán de

aquí . . . Eso es. Gracias. Puede usted empezar a leer esta parte. Ya le iré entregando las demás. Buenas noches, señor Montero. Gracias. Mire: su candelabro se ha apagado. Enciéndalo afuera, por favor. No, no, quédese con la llave. Acéptela. Confío en usted.

— Señora . . . Hay un nido de ratones en aquel rincón . . .

— ¿Ratones? Es que yo nunca voy hasta allá . . .

— Debería usted traer a los gatos aquí.

— ¿Gatos? ¿Cuáles gatos? Buenas noches. Voy a dormir. Estoy fatigada.

— Buenas noches.

Capítulo III

Lees esa misma noche los papeles amarillos, escritos con una tinta color mostaza; a veces, horadados por el descuido de una ceniza de tabaco, manchados por moscas. El francés del general Llorente no goza de las excelencias que su mujer le habrá atribuido. Te dices que tú puedes mejorar considerablemente el estilo, apretar esa narración difusa de los hechos pasados : la infancia en una hacienda oaxaqueña del siglo XIX, los estudios militares en Francia, la amistad con el Duque de Morny, con el círculo íntimo de Napoleón III, el regreso a México en el estado mayor de Maximiliano, las ceremonias y veladas del Imperio, las batallas, el derrumbe, el Cerro de las Campanas, el exilio en París. Nada que no hayan contado otros. Te desnudas pensando en el capricho deformado de la anciana, en el falso valor que atribuye a estas memorias. Te acuestas sonriendo, pensando en tus cuatro mil pesos.[12]

Duermes, sin soñar, hasta que el chorro de luz te despierta, a las seis de la mañana, porque ese techo de vidrios no posee cortinas. Te cubres los ojos con la almohada y tratas de volver a dormir. A los diez minutos, olvidas tu propósito y caminas al baño, donde encuentras todas tus cosas dispuestas en una mesa, tus escasos trajes colgados en el ropero. Has terminado de afeitarte cuando ese maullido implorante y doloroso destruye el silencio de la mañana.

Llega a tus oídos con una vibración atroz, rasgante, de imploración. Intentas ubicar su origen: abres la puerta que da al corredor y allí no lo escuchas : esos maullidos se cuelan desde lo alto, desde el tragaluz. Trepas velozmente a la silla, de la silla a la mesa de trabajo, y apoyándote en el librero puedes alcanzar el tragaluz, abrir uno de sus vidrios, elevarte con esfuerzo y clavar la mirada en ese jardín lateral, ese cubo de tejos y zarzas enmarañados donde cinco, seis, siete gatos — no puedes contarlos: no puedes sostenerte allí más de un segundo — encadenados unos con otros, se revuelcan envueltos en fuego, desprenden un humo opaco, un olor de pelambre incendiada. Dudas, al caer sobre la butaca, si en realidad has visto eso; quizás sólo uniste esa imagen a los maullidos espantosos que persisten, disminuyen, al cabo terminan.

Te pones la camisa, pasas un papel sobre las puntas de tus zapatos negros y escuchas, esta vez, el aviso de la campana que parece recorrer los pasillos de la casa y acercarse a tu puerta. Te asomas al corredor; Aura camina con esa campana en la mano, inclina la cabeza al verte, te dice que el desayuno está listo. Tratas de detenerla; Aura ya descenderá por la escalera de caracol, tocando la campana pintada de negro, como si se tratara de levantar a todo un hospicio, a todo un internado.

La sigues, en mangas de camisa, pero al llegar al vestíbulo ya no la encuentras. La puerta de la recámara de la anciana se abre a tus espaldas: alcanzas a ver la mano que asoma detrás de la puerta apenas abierta, coloca esa porcelana en el vestíbulo y se retira, cerrando de nuevo.

En el comedor, encuentras tu desayuno servido: esta vez, sólo un cubierto. Comes rápidamente, regresas al vestíbulo, tocas a la puerta de la señora Consuelo. Esa voz débil y aguda te pide que entres. Nada habrá cambiado. La oscuridad permanente. El fulgor de las veladoras y los milagros de plata.

— Buenos días, señor Montero. ¿Durmió bien?

— Sí. Leí hasta tarde.

La dama agitará una mano, como si deseara alejarte.

— No, no, no. No me adelante su opinión. Trabaje sobre esos papeles y cuando termine le pasaré los demás.

— Está bien, señora. ¿Podría visitar el jardín?

— ¿Cuál jardín, señor Montero?

— El que está detrás de mi cuarto.

— En esta casa no hay jardín. Perdimos el jardín cuando construyeron alrededor de la casa.

— Pensé que podría trabajar mejor al aire libre.

— En esta casa sólo hay ese patio oscuro por donde entró usted. Allí mi sobrina cultiva algunas plantas de sombra. Pero eso es todo.

— Está bien, señora.

— Deseo descansar todo el día. Pase a verme esta noche.

— Está bien, señora.

Revisas todo el día los papeles, pasando en limpio los párrafos que piensas retener, redactando de nuevo los que te parecen débiles, fumando cigarrillo tras cigarrillo y reflexionando que debes espaciar tu trabajo para que la canonjía se prolongue lo más posible. Si lograras ahorrar por lo menos doce mil pesos, podrías pasar cerca de un año dedicado a tu propia obra, aplazada, casi olvidada. Tu gran obra de conjunto sobre los descumbrimientos y conquistas españolas en América. Una obra que resuma todas las crónicas dispersas, las haga inteligibles, encuentre las correspondencias entre todas las empresas y aventuras del siglo de oro, entre los prototipos humanos y el hecho mayor del Renacimiento. En realidad, terminas por abandonar los tediosos papeles del militar del Imperio para empezar la redacción de fichas y resúmenes de tu propia obra. El tiempo corre y sólo al escuchar de nuevo la campana consultas tu reloj, te pones el saco y bajas al comedor.

Aura ya estará sentada; esta vez la cabecera la ocupará la señora Llorente, envuelta en su chal y su camisón, tocada con su cofia, agachada sobre el plato. Pero el cuarto cubierto también está puesto. Lo notas de pasada; ya no te preocupa. Si el precio de tu futura libertad creadora es aceptar todas las manías de esta anciana, puedes pagarlo sin dificultad. Tratas, mientras la ves sorber la sopa, de calcular su edad. Hay un momento en el cual ya no es posible distinguir el paso de los años: la señora Consuelo, desde hace tiempo, pasó esa frontera. El general no la menciona en lo que llevas leído de las memorias. Pero si el general tenía cuarenta y dos años en el momento de la invasión francesa y murió en 1901, cuarenta años más tarde, habría muerto de ochenta y dos años. Se habría casado con la señora Consuelo después de la derrota de Querétaro y el exilio, pero ella habría sido una niña entonces . . .

Las fechas se te confundirán, porque ya la señora está hablando, con ese murmullo agudo, leve, ese chirreo de pájaro; le está hablando a Aura y tú escuchas, atento a la comida, esa enumeración plana de quejas, dolores, sospechas de enfermedades, más quejas sobre el precio de las medicinas, la humedad de la casa. Quisieras intervenir en la conversación doméstica preguntando por el criado que recogió ayer tus cosas pero al que nunca has visto, el que nunca sirve la mesa: lo preguntarías si, de repente, no te sorprendiera que Aura, hasta ese momento, no hubiese abierto la boca y comiese con esa fatalidad mecánica, como si esperara un impulso ajeno a ella para tomar la cuchara, el cuchillo, partir los riñones — sientes en la boca, otra vez, esa dieta de riñones, por lo visto la preferida de la casa — y llevárselos a la boca. Miras rápidamente de la tía a la sobrina y de la sobrina a la tía, pero la señora Consuelo, en ese instante, detiene todo movimiento y, al mismo tiempo, Aura deja el cuchillo sobre el plato y permanece inmóvil y tú recuerdas que, una fracción de segundo antes, la señora Consuelo hizo lo mismo.

Permanecen varios minutos en silencio: tú terminando de comer, ellas inmóviles como estatuas, mirándote comer. Al cabo la señora dice:

— Me he fatigado. No debería comer en la mesa. Ven, Aura, acompáñame a la recámara.

La señora tratará de retener tu atención: te mirará de frente para que tú la mires, aunque sus palabras vayan dirigidas a la sobrina. Tú debes hacer un esfuerzo para desprenderte de esa mirada — otra vez abierta, clara, amarilla, despojada de los velos y arrugas que normalmente la cubren — y fijar la tuya en Aura, que a su vez mira fijamente hacia un punto perdido y mueve en silencio los labios, se levanta con actitudes similares a las que tú asocias con el sueño, toma de los brazos a la anciana jorobada y la conduce lentamente fuera del comedor.

Solo, te sirves el café que también ha estado allí desde el principio del almuerzo, el café frío que bebes a sorbos mientras frunces el ceño y te preguntas si la señora no poseerá una fuerza secreta sobre la muchacha, si la muchacha, tu hermosa Aura vestida de verde, no estará encerrada contra su voluntad en esta casa vieja, sombría. Le sería, sin embargo, tan fácil escapar mientras la anciana dormita en su cuarto oscuro. Y no pasas por alto el camino que se abre en tu imaginación: quizás Aura espera que tú la salves de las cadenas que, por alguna razón oculta, le ha impuesto esta vieja caprichosa y desequilibrada. Recuerdas a Aura minutos antes, inanimada, embrutecida por el terror: incapaz de hablar enfrente de la tirana, moviendo los labios en silencio, como si en silencio te implorara su libertad, prisionera al grado de imitar todos los movimientos de la señora Consuelo, como si sólo lo que hiciera la vieja le fuese permitido a la joven.

La imagen de esta enajenación total te rebela: caminas, esta vez, hacia la otra puerta, la que da sobre el vestíbulo al pie de la escalera, la que está al lado de la recámara de la anciana: allí debe vivir Aura; no hay otra pieza en la casa. Empujas la puerta y entras a esa recámara, también oscura, de paredes enjalbegadas, donde el único adorno es un Cristo negro. A la izquierda, ves esa puerta que debe conducir a la recámara de la viuda. Caminando de puntas, te acercas a ella, colocas la mano sobre la madera, desistes de tu empeño: debes hablar con Aura a solas.

Y si Aura quiere que la ayudes, ella vendrá a tu cuarto. Permaneces allí, olvidado de los papeles amarillos, de tus propias cuartillas anotadas, pensando sólo en la belleza inasible de tu Aura — mientras más pienses en ella, más tuya la harás, no sólo porque piensas en su belleza y la deseas, sino porque ahora la deseas para liberarla: habrás encontrado una razón moral para tu deseo; te sentirás inocente y satisfecho — y cuando vuelves a escuchar la precaución de la campana, no bajas a cenar porque no soportarías otra escena como la del mediodía. Quizás Aura se dará cuenta y, después de la cena, subirá a buscarte.

Realizas un esfuerzo para seguir revisando los papeles. Cansado, te desvistes lentamente, caes en el lecho, te duermes pronto y por primera vez en muchos años sueñas, sueñas una sola cosa, sueñas esa mano descarnada que avanza hacia ti con la campana en la mano, gritando que te alejes, que se alejen todos, y cuando el rostro de ojos vaciados se acerca al tuyo, despiertas con un grito mudo, sudando, y sientes esas manos que acarician tu rostro y tu pelo, esos labios que murmuran con la voz más baja, te consuelan, te piden calma y cariño. Alargas tus propias manos para encontrar el otro cuerpo, desnudo, que entonces agitará levemente el llavín que tú reconoces, y con él a la mujer que se recuesta encima de ti, te besa, te recorre el cuerpo entero con besos. No puedes verla en la oscuridad de la noche sin estrellas, pero hueles en su pelo el perfume de las plantas del patio, sientes en sus brazos la piel más suave y ansiosa, tocas en sus senos la flor entrelazada de las venas sensibles, vuelves a besarla y no le pides palabras.

Al separarte, agotado, de su abrazo, escuchas su primer murmullo: "Eres mi esposo". Tú asientes: ella te dirá que amanece; se despedirá diciendo que te espera esa noche en su recámara. Tú vuelves a asentir, antes de caer dormido, aliviado, ligero, vaciado de placer, reteniendo en las yemas de los dedos el cuerpo de Aura, su temblor, su entrega: la niña Aura.

Te cuesta trabajo despertar. Los nudillos tocan varias veces y te levantas de la cama pesadamente, gruñendo : Aura, del otro lado de la puerta, te dirá que no abras: la señora Consuelo quiere hablar contigo; te espera en su recámara.

Entran diez minutos después al santuario de la viuda. Arropada, parapetada contra los almohadones de encaje: te acercas a la figura inmóvil, a sus ojos cerrados detrás de los párpados colgantes, arrugados, blanquecinos: ves esas arrugas abolsadas de los pómulos, ese cansancio total de la piel.

Sin abrir los ojos, te dirá:
— ¿Trae usted la llave?
— Sí . . . Creo que sí. Sí, aquí está.
— Puede leer el segundo folio. En el mismo lugar, con la cinta azul.

Caminas, esta vez con asco, hacia ese arcón alrededor del cual pululan las ratas, asoman sus ojillos brillantes entre las tablas podridas del piso, corretean hacia los hoyos abiertos en el muro escarapelado. Abres el arcón y retiras la segunda colección de papeles. Regresas al pie de la cama; la señora Consuelo acaricia a su conejo blanco.

De la garganta abotonada de la anciana surgirá ese cacareo sordo:
— ¿No le gustan los animales?
— No. No particularmente. Quizás porque nunca he tenido uno.
— Son buenos amigos, buenos compañeros. sobre todo cuando llegan la la vejez y la soledad.
— Sí. Así debe ser.
— Son seres naturales, señor Montero. Seres sin tentaciones.
— ¿Cómo dijo que se llamaba?
— ¿La coneja? Saga. Sabia. Sigue sus instintos. Es natural y libre.
— Creí que era conejo.[13]
— Ah, usted no sabe distinguir todavía.
— Bueno, lo importante es que no se sienta usted sola.
— Quieren que estemos solas, señor Montero, porque dicen que la soledad es necesaria para alcanzar la santidad. Se han olvidado de que en la soledad la tentación es más grande.
— No la entiendo, señora.
— Ah, mejor, mejor. Puede usted seguir trabajando.

Le das la espalda. Caminas hacia la puerta. Sales de la recámara. En el vestíbulo, aprietas los dientes. ¿Por qué no tienes el valor de decirle que amas a la joven? ¿Por qué no entras y le dices, de una vez, que piensas llevarte a Aura contigo cuando termines el trabajo? Avanzas de nuevo hacia la puerta; la empujas, dudando aún, y por el resquicio ves a la señora Consuelo de pie, erguida, transformada, con esa túnica entre los brazos : esa túnica azul con botones de oro, charreteras rojas, brillantes insignias de águila coronada, esa túnica que la anciana mordisquea ferozmente, besa con ternura, se coloca sobre los hombros para girar en un paso de danza tambaleante. Cierras la puerta.

Sí: *tenía quince años cuando la conocí* — lees en el segundo folio de las memorias — : *elle avait quinze ans lorsque je l'ai connue et, si j'ose le dire, ce sont ses yeux verts qui ont fait ma perdition*: los ojos verdes de Consuelo, que tenía quince años en 1867, cuando el general Llorente casó con ella y la llevó a vivir a París, al exilio. *Ma jeune poupée*, escribió el general en sus momentos de inspiración, *ma jeune poupée aux yeux verts; je t'ai comblée d'amour:* describió la casa en la que vivieron, los paseos, los bailes, los carruajes, el mundo del Segundo Imperio; sin gran relieve, ciertamente. *J'ai même supporté ta haine des chats, moi qu'aimais tellement les jolies bêtes* . . . Un día la encontró, abierta de piernas, con la crinolina levantada por delante, martirizando a un gato y no supo llamarle la atención porque le pareció que *tu faisais ça d'un façon si innocent, par pur enfantillage* e incluso lo excitó el hecho, de manera que esa noche la amó, si le das crédito a tu lectura, con una pasión hiperbólica, *parce que tu m'avais dit que torturer les chats était ta manière a toi de rendre notre amour favorable, par un sacrifice symbolique* . . . Habrás calculado: la señora Consuelo tendrá hoy ciento nueve años . . . cierras el folio. Cuarenta y nueve al morir su esposo. *Tu sais si bien t'habiller, ma douce Consuelo, toujours drappée dans des velours verts, verts comme tes yeux. Je pense que tu seras toujours belle, même dans cent ans* . . . Siempre vestida de verde. Siempre hermosa, incluso dentro de cien años. *Tu es si fière de ta beauté; que ne ferais-tu pas pour rester toujours jeune?*

Capítulo IV

Sabes, al cerrar de nuevo el folio, que por eso vive Aura en esta casa: para perpetuar la ilusión de juventud y belleza de la pobre anciana enloquecida. Aura, encerrada como un espejo, como un ícono más de ese muro religioso, cuajado de milagros, corazones preservados, demonios y santos imaginados.

Arrojas los papeles a un lado y desciendes, sospechando el único lugar donde Aura podrá estar en las mañanas: el lugar que le habrá asignado esta vieja avara.

La encuentras en la cocina, sí, en el momento en que degüella un macho cabrío: el vapor que surge del cuello abierto, el olor de sangre derramada, los ojos duros y abiertos del animal te dan náuseas: detrás de esa imagen, se pierde la de una Aura mal vestida, con el pelo revuelto, manchada de sangre, que te mira sin reconocerte, que continúa su labor de carnicero.

Le das la espalda: esta vez, hablarás con la anciana, le echarás en cara su codicia, su tiranía abominable. Abres de un empujón la puerta y la ves, detrás del velo de luces, de pie, cumpliendo su oficio de aire: la ves con las manos en movimiento, extendidas en el aire: una mano extendida y apretada, como si realizara un esfuerzo para detener algo, la otra apretada en torno a un objeto de aire, clavada una y otra vez en el mismo lugar. En seguida, la vieja se restregará las manos contra el pecho, suspirará, volverá a cortar en el aire, como si — sí, lo verás claramente: como si despellejara una bestia . . . —.[14]

Corres al vestíbulo, la sala, el comedor, la cocina donde Aura despelleja al chivo lentamente, absorta en su trabajo, sin escuchar tu entrada ni tus palabras, mirándote como si fueras de aire.

Subes lentamente a tu recámara, entras, te arrojas contra la puerta como si temieras que alguien te siguiera: jadeante, sudoroso, presa de la impotencia de tu espina helada, de tu certeza: si algo o alguien entrara, no podrías resistir, te alejarías de la puerta, lo dejarías hacer. Tomas febrilmente la butaca, la colocas contra esa puerta sin cerradura, empujas la cama hacia la puerta, hasta atrancarla, y te arrojas exhausto sobre ella, exhausto y abúlico, con los ojos cerrados y los brazos apretados alrededor de tu almohada: tu almohada que no es tuya; nada es tuyo . . .

Caes en ese sopor, caes hasta el fondo de ese sueño que es tu única salida, tu única negativa a la locura. "Está loca, está loca", te repites para adormecerte, repitiendo con las palabras la imagen de la anciana que en el aire despellejaba al cabrío de aire con su cuchillo de aire: ". . . está loca . . .",

en el fondo del abismo oscuro, en tu sueño silencioso, de bocas abiertas, en silencio, la verás avanzar hacia ti, desde el fondo negro del abismo, la verás avanzar a gatas.

En silencio,

moviendo su mano descarnada, avanzando hacia ti hasta que su rostro se pegue al tuyo y veas esas encías sangrantes de la vieja, esas encías sin dientes y grites y ella vuelva a alejarse, moviendo su mano, sembrando a lo largo del abismo los dientes amarillos que va sacando del delantal manchado de sangre:

tu grito es el eco del grito de Aura, delante de ti en el sueño, Aura que grita porque unas manos han rasgado por la mitad su falda de tafeta verde,

y

esa cabeza tonsurada,

con los pliegues rotos de la falda entre las manos, se voltea hacia ti y ríe en silencio, con los dientes de la vieja superpuestos a los suyos, mientras las piernas de Aura, sus piernas desnudas, caen rotas y vuelan hacia el abismo . . .

Escuchas el golpe sobre la puerta, la campana detrás del golpe, la campana de la cena. El dolor de cabeza te impide leer los números, la posición de las manecillas del reloj; sabes que es tarde: frente a tu cabeza recostada, pasan las nubes de la noche detrás del tragaluz. Te incorporas penosamente, aturdido, hambriento. Colocas el garrafón de vidrio bajo el grifo de la tina, esperas a que el agua corra, llene el garrafón que tú retiras y vacías en el aguamanil donde te lavas la cara, los dientes con tu brocha vieja embarrada de pasta verdosa, te rocías el pelo — sin advertir que debías haber hecho todo esto a la inversa —, te peinas cuidadosamente frente al espejo ovalado del armario de nogal, anudas la corbata, te pones el saco y desciendes a un comedor vacío, donde sólo ha sido colocado un cubierto: el tuyo.

Y al lado de tu plato, debajo de la servilleta, ese objeto que rozas con los dedos, esa muñequita endeble, de trapo, rellena de una harina que se escapa por el hombro mal cosido: el rostro pintado con tinta china, el cuerpo desnudo, detallado con escasos pincelazos. Comes tu cena fría — riñones, tomates, vino — con la mano derecha: detienes la muñeca entre los dedos de la izquierda.

Comes mecánicamente, con la muñeca en la mano izquierda y el tenedor en la otra, sin darte cuenta, al principio, de tu propia actitud hipnótica, entreviendo, después, una razón en tu siesta opresiva, en tu pesadilla, identificando, al fin, tus movimientos de sonámbulo con los de Aura, con los de la anciana : mirando con asco esa muñequita horrorosa que tus dedos acarician, en la que empiezas a sospechar una enfermedad secreta, un contagio. La dejas caer al suelo. Te limpias los labios con la servilleta. Consultas tu reloj y recuerdas que Aura te ha citado en su recámara.

Te acercas cautelosamente a la puerta de doña Consuelo y no escuchas un solo ruido. Consultas de nuevo tu reloj: apenas son las nueve. Decides bajar, a tientas, a ese patio techado, sin luz, que no has vuelto a visitar desde que lo cruzaste, sin verlo, el día de tu llegada a esta casa.

Tocas las paredes húmedas, lamosas; aspiras el aire perfumado y quieres descomponer los elementos de tu olfato, reconocer los aromas pesados, suntuosos, que te rodean. El fósforo encendido ilumina, parpadeando, ese patio estrecho y húmedo, embaldosado, en el cual crecen, de cada lado, las plantas sembradas sobre los márgenes de tierra rojiza y suelta. Distingues las formas altas, ramosas, que proyectan sus sombras a la luz del cerillo que se consume, te quema los dedos, te obliga a encender uno nuevo para terminar de reconocer las flores, los frutos, los tallos que recuerdas mencionados en crónicas viejas: las hierbas olvidadas que crecen olorosas, adormiladas: las hojas anchas, largas, hendidas, vellosas del beleño : el tallo sarmentado de flores amarillas por fuera, rojas por dentro; las hojas acorazonadas y agudas de la dulcamara; la pelusa cenicienta del gordolobo, sus flores espigadas; el arbusto ramoso del evónimo y las flores blanquecinas; la belladona.[15] Cobran vida a la luz de tu fósforo, se mecen con sus sombras mientras tú recreas los usos de este herbario que dilata las pupilas, adormece el dolor, alivia los partos, consuela, fatiga la voluntad, consuela con una calma voluptuosa.

Te quedas solo con los perfumes cuando el tercer fósforo se apaga. Subes con pasos lentos al vestíbulo, vuelves a pegar el oído a la puerta de la señora Consuelo, sigues, sobre las puntas de los pies, a la de Aura: la empujas, sin dar aviso, y entras a esa recámara desnuda, donde un círculo de luz ilumina la cama, el gran crucifijo mexicano, la mujer que avanzará hacia ti cuando la puerta se cierre.

Aura vestida de verde, con esa bata de tafeta por donde asoman, al avanzar hacia ti la mujer, los muslos color de luna: la mujer, repetirás al tenerla cerca, la mujer, no la muchacha de ayer: la muchacha de ayer — cuando toques sus dedos, su talle — no podía tener más de veinte años; la mujer de hoy — y acaricies su pelo negro, suelto, su mejilla pálida — parece de cuarenta: algo se ha endurecido, entre ayer y hoy, alrededor de los ojos verdes; el rojo de los labios se ha oscurecido fuera de su forma antigua, como si quisiera fijarse en una mueca alegre, en una sonrisa turbia: como si alternara, a semejanza de esa planta del patio, el sabor de la miel y el de la amargura. No tienes tiempo de pensar más:

— Siéntate en la cama, Felipe.
— Sí.
— Vamos a jugar. Tú no hagas nada. Déjame hacerlo todo a mí.

Sentado en la cama, tratas de distinguir el origen de esa luz difusa, opalina, que apenas te permite separar los objetos, la presencia de Aura, de la atmósfera dorada que los envuelve. Ella te habrá visto mirando hacia arriba, buscando ese origen. Por la voz, sabes que está arrodillada frente a ti:

— El cielo no es alto ni bajo. Está encima y debajo de nosotros al mismo tiempo.

Te quitarás los zapatos, los calcetines, y acariciará tus pies desnudos.

Tú sientes el agua tibia que baña tus plantas, las alivia, mientras ella te lava con una tela gruesa, dirige miradas furtivas al Cristo de madera negra, se aparta por fin de tus pies, te toma de la mano, se prende unos capullos de violeta al pelo suelto, te toma entre los brazos y canturrea esa melodía, ese vals que tú bailas con ella, prendido al susurro de su voz, girando al ritmo lentísimo, solemne, que ella te impone, ajeno a los movimientos ligeros de sus manos, que te desabotonan la camisa, te acarician el pecho, buscan tu espalda, se clavan en ella. También tú murmuras esa canción sin letra, esa melodía que surge naturalmente de tu garganta: giran los dos, cada vez más cerca del lecho; tú sofocas la canción murmurada con tus besos hambrientos sobre la boca de Aura, arrestas la danza con tus besos apresurados sobre los hombros, los pechos de Aura.

Tienes la bata vacía entre las manos. Aura, de cuclillas sobre la cama, coloca ese objeto contra los muslos cerrados, lo acaricia, te llama con la mano. Acaricia ese trozo de harina delgada, lo quiebra sobre sus muslos, indiferentes a las migajas que ruedan por sus caderas: te ofrece la mitad de la oblea que tú tomas, llevas a la boca al mismo tiempo que ella, deglutes con dificultad: caes sobre el cuerpo desnudo de Aura, sobre sus brazos abiertos, extendidos de un extremo al otro de la cama, igual que el Cristo negro que cuelga del muro con su faldón de seda escarlata, sus rodillas abiertas, su costado herido, su corona de brezos montada sobre la peluca negra, enmarañada, entreverada con lentejuela de plata. Aura se abrirá como un altar.

Murmuras el nombre de Aura al oído de Aura. Sientes los brazos llenos de la mujer contra tu espalda. Escuchas su voz tibia en tu oreja:

— ¿Me querrás siempre?
— Siempre, Aura, te amaré para siempre.
— ¿Siempre? ¿Me lo juras?
— Te lo juro.
— ¿Aunque envejezca? ¿Aunque pierda mi belleza? ¿Aunque tenga el pelo blanco?
— Siempre, mi amor, siempre.
— ¿Aunque muera, Felipe? ¿Me amarás siempre, aunque muera?
— Siempre, siempre. Te lo juro. Nada puede separarme de ti.
— Ven, Felipe, ven . . .

Buscas, al despertar, la espalda de Aura y sólo tocas esa almohada, caliente aún, y la sábanas blancas que te envuelven.

Murmuras de nuevo su nombre.

Abres los ojos: la ves sonriendo, de pie, al pie de la cama, pero sin mirarte a ti. La ves caminar lentamente hacia ese rincón de la recámara, sentarse en el suelo, colocar los brazos sobre las rodillas negras que emergen de la oscuridad que tú tratas de penetrar, acariciar la mano arrugada que se adelanta del fondo de la oscuridad cada vez más clara: a los pies de la anciana señora Consuelo, que está sentada en ese sillón que tú notas por primera vez: la señora Consuelo que te sonríe, cabeceando, que te sonríe junto con Aura que mueve la cabeza al mismo tiempo que la vieja: las dos te sonríen, te agradecen. Recostado, sin voluntad, piensas que la vieja ha estado todo el tiempo en la recámara;

recuerdas sus movimientos, su voz, su danza,
por más que te digas que no ha estado allí.

Las dos se levantarán a un tiempo, Consuelo de la silla, Aura del piso. Las dos te darán la espalda, caminarán pausadamente hacia la puerta que comunica con la recámara de la anciana, pasarán juntas al cuarto donde tiemblan las luces colocadas frente a las imágenes, cerrarán la puerta detrás de ellas, te dejarán dormir en la cama de Aura.

Capítulo V

Duermes cansado, insatisfecho. Ya en el sueño sentiste esa vaga melancolía, esa opresión en el diafragma, esa tristeza que no se deja apresar por tu imaginación. Dueño de la recámara de Aura, duermes en la soledad, lejos del cuerpo que creerás haber poseído.

Al despertar, buscas otra presencia en el cuarto y sabes que no es la de Aura la que te inquieta, sino la doble presencia de algo que fue engendrado la noche pasada. Te llevas las manos a las sienes, tratando de calmar tus sentidos en desarreglo: esa tristeza vencida te insinúa, en voz baja, en el recuerdo inasible de la premonición, que buscas tu otra mitad, que la concepción estéril de la noche pasada engendró tu propio doble.

Y ya no piensas, porque existen cosas más fuertes que la imaginación: la costumbre que te obliga a levantarte, buscar un baño anexo a esa recámara, no encontrarlo, salir restregándote los párpados, subir al segundo piso saboreando la acidez pastosa de la lengua, entrar a tu recámara acariciándote las mejillas de cerdas revueltas, dejar correr las llaves de la tina e introducirte en el agua tibia, dejarte ir, no pensar mas.

Y cuando te estés secando, recordarás a la vieja y a la joven que te sonrieron, abrazadas, antes de salir juntas, abrazadas: te repites que siempre, cuando están juntas, hacen exactamente lo mismo: se abrazan, sonríen, comen, hablan, entran, salen, al mismo tiempo, como si una imitara a la otra, como si de la voluntad de una dependiese la existencia de la otra. Te cortas ligeramente la mejilla, pensando estas cosas mientras te afeitas; haces un esfuerzo para dominarte. Terminas tu aseo contando los objetos del botiquín, los frascos y tubos que trajo de la casa de huéspedes el criado al que nunca has visto: murmuras los nombres de esos objetos, los tocas, lees las indicaciones de uso y contenido, pronuncias la marca de fábrica, prendido a esos objetos para olvidar lo otro, lo otro sin nombre, sin marca, sin consistencia racional.[16] ¿Qué espera de ti Aura? acabas por preguntarte, cerrando de un golpe el botiquín. ¿Qué quiere?

Te contesta el ritmo sordo de esa campana que se pasea a lo largo del corredor, advirtiéndote que el desayuno está listo. Caminas, con el pecho desnudo, a la puerta: al abrirla, encuentras a Aura: será Aura, porque viste la tafeta verde de siempre, aunque un velo verdoso oculte sus facciones.[17] Tomas con la mano la muñeca de la mujer, esa muñeca delgada, que tiembla . . .

— El desayuno está listo . . . — te dirá con la voz más baja que has escuchado . . .

— Aura. Basta ya de engaños.

— ¿Engaños?

— Dime si la señora Consuelo te impide salir, hacer tu vida; ¿por qué ha de estar presente cuando tú y yo . . .?; dime que te irás conmigo en cuanto . . .

— ¿Irnos? ¿Adónde?

— Afuera, al mundo. A vivir juntos. No puedes sentirte encadenada para siempre a tu tía . . . ¿Por qué esa devoción? ¿Tanto la quieres?

— Quererla . . .

— Sí; ¿por qué te has de sacrificar así?

— ¿Quererla? Ella me quiere a mí. Ella se sacrifica por mí.

— Pero es una mujer vieja, casi un cadáver; tú no puedes . . .

— Ella tiene más vida que yo. Sí, es vieja, es repulsiva . . . Felipe, no quiero volver . . . no quiero ser como ella . . . otra . . .

— Trata de enterrarte en vida. Tienes que renacer, Aura . . .

— Hay que morir antes de renacer . . . No. No entiendes. Olvida, Felipe; ténme confianza.

— Si me explicaras . . .

— Ténme confianza. Ella va a salir hoy todo el día . . .

— ¿Ella?

— Sí, la otra.

— ¿Va a salir? Pero si nunca . . .

— Sí, a veces sale. Hace un gran esfuerzo y sale. Hoy va a salir. Todo el día . . . Tú y yo podemos . . .

— ¿Irnos?

— Si quieres . . .

— No, quizás todavía no. Estoy contratado para un trabajo . . . Cuando termine el trabajo, entonces sí . . .[18]

— Ah, sí. Ella va a salir todo el día. Podemos hacer algo . . .

— ¿Qué?

— Te espero esta noche en la recámara de mi tía. Te espero como siempre.

Te dará la espalda, se irá tocando esa campana, como los leprosos que con ella pregonan su cercanía, advierten a los incautos: "Aléjate, aléjate".[19]
Tú te pones la camisa y el saco, sigues el ruido espaciado de la campana que se dirige, enfrente de ti, hacia el comedor; dejas de escucharlo al entrar a la sala: viene hacia ti, jorobada, sostenida por un báculo nudoso, la viuda de Llorente, que sale del comedor, pequeña, arrugada, vestida con ese traje blanco, ese velo de gasa teñida, rasgada, pasa a tu lado sin mirarte, sonándose con un pañuelo, sonándose y escupiendo continuamente, murmurando:

— Hoy no estaré en la casa, señor Montero. Confío en su trabajo. Adelante usted. Las memorias de mi esposo deben ser publicadas.

Se alejará, pisando los tapetes con sus pequeños pies de muñeca antigua, apoyada en ese bastón, escupiendo, estornudando como si quisiera expulsar algo de sus vías respiratorias, de sus pulmones congestionados. Tú tienes la voluntad de no seguirla con la mirada; dominas la curiosidad que sientes ante ese traje de novia amarillento, extraído del fondo del viejo baúl que está en la recámara . . .

Apenas pruebas el café negro y frío que te espera en el comedor. Permaneces una hora sentado en la vieja y alta silla ojival, fumando, esperando los ruidos que nunca llegan, hasta tener la seguridad de que la anciana ha salido de la casa y no podrá sorprenderte. Porque en el puño, apretada, tienes desde hace una hora la llave del arcón y ahora te diriges, sin hacer ruido, a la sala, al vestíbulo donde esperas quince minutos más — tu reloj te lo dirá — con el oído pegado a la puerta de doña Consuelo, la puerta que en seguida empujas levemente, hasta distinguir, detrás de la red de araña de esas luces devotas, la cama vacía, revuelta, sobre la que la coneja roe sus zanahorias crudas: la cama siempre rociada de migajas que ahora tocas, como si creyeras que la pequeñísima anciana pudiese estar escondida entre los pliegues de las sábanas.

Caminas hasta el baúl colocado en el rincón; pisas la cola de una de estas ratas que chilla, se escapa de la opresión de tu suela, corre a dar aviso a las demás ratas cuando tu mano acerca la llave de cobre a la chapa pesada, enmohecida, que rechina cuando introduces la llave, apartas el candado, levantas la tapa y escuchas el ruido de los goznes enmohecidos. Sustraes el tercer folio – cinta roja – de las memorias y al levantarlo encuentras esas fotografías viejas, duras, comidas de los bordes, que también tomas, sin verlas, apretando todo el tesoro contra tu pecho, huyendo sigilosamente, sin cerrar siquiera el baúl, olvidando el hambre de las ratas, para traspasar el umbral, cerrar la puerta, recargarte contra la pared del vestíbulo, respirar normalmente, subir a tu cuarto.

Allí leerás los nuevos papeles, la continuación, las fechas de un siglo en agonía. El general Llorente habla con su lenguaje más florido de la personalidad de Eugenia de Montijo, vierte todo su respeto hacia la figura de Napoleón el Pequeño, exhuma su retórica más marcial para anunciar la guerra franco-prusiana, llena páginas de dolor ante la derrota, arenga a los hombres de honor contra el monstruo republicano, ve en el general Boulanger un rayo de esperanza, suspira por México, siente que en el caso Dreyfus el honor – siempre el honor – del ejército ha vuelto a imponerse . . . Las hojas amarillas se quiebran bajo tu tacto; ya no las respetas, ya sólo buscas la nueva aparición de la mujer de ojos verdes: "Sé por qué lloras a veces, Consuelo. No te he podido dar hijos, a ti, que irradias la vida . . ." Y después: "Consuelo, no tientes a Dios. Debemos conformarnos. ¿No te basta mi cariño? Yo sé que me amas; lo siento. No te pido conformidad, porque ello sería ofenderte. Te pido, tan sólo, que veas en ese gran amor que dices tenerme algo suficiente, algo que pueda llenarnos a los dos sin necesidad de recurrir a la imaginación enfermiza . . ." Y en otra página: "Le advertí a Consuelo que esos brebajes no sirven para nada. Ella insiste en cultivar sus propias plantas en el jardín. Dice que no se engaña. Las hierbas no la fertilizarán en el cuerpo, pero sí en el alma . . ." Más tarde: "La encontré delirante, abrazada a la almohada. Gritaba: 'Sí, sí, sí, he podido: la he encarnado; puedo convocarla, puedo darle vida con mi vida'.

Tuve que llamar al médico. Me dijo que no podría calmarla, precisamente porque ella estaba bajo el efecto de narcóticos, no de excitantes . . ." Y al fin: "Hoy la descubrí, en la madrugada, caminando sola y descalza a lo largo de los pasillos. Quise detenerla. Pasó sin mirarme, pero sus palabras iban dirigidas a mí. 'No me detengas – dijo –; voy hacia mi juventud, mi juventud viene hacia mí. Entra ya, está en el jardín, ya llega' . . . Consuelo, pobre Consuelo . . . Consuelo, también el demonio fue un ángel, antes . . ."

No habrá más. Allí terminan las memorias del general Llorente : "*Consuelo, le démon aussi étai un ange, avant . . .*"

Y detrás de la última hoja, los retratos. El retrato de ese caballero anciano, vestido de militar: la vieja fotografía con las letras en una esquina : *Moulin, Photographe, 35 Boulevard Haussmann* y la fecha 1894. Y la fotografía de Aura: de Aura con sus ojos verdes, su pelo negro recogido en bucles, reclinada sobre esa columna dórica, con el paisaje pintado al fondo: el paisaje de Lorelei en el Rin, el traje abotonado hasta el cuello, el pañuelo en una mano, el polisón: Aura y la fecha 1876, escrita con tinta blanca y detrás, sobre el cartón doblado del daguerrotipo, esa letra de araña: *Fait pour notre dixième anniversaire de mariage* y la firma, con la misma letra, *Consuelo Llorente*. Verás, en la tercera foto, a Aura en compañía del viejo, ahora vestido de paisano, sentados ambos en una banca, en un jardín. La foto se ha borrado un poco: Aura no se verá tan joven como en la primera fotografía, pero es ella, es él, es . . . eres tú.

Pegas esas fotografías a tus ojos, las levantas hacia el tragaluz: tapas con una mano la barba blanca del general Llorente, lo imaginas con el pelo negro y siempre te encuentras, borrado, perdido, olvidado, pero tú, tú, tú.

La cabeza te da vueltas, inundada por el ritmo de ese vals lejano que suple la vista, el tacto, el olor de plantas húmedas y perfumadas: caes agotado sobre la cama, te tocas los pómulos, los ojos, la nariz, como si temieras que una mano invisible te hubiese arrancado la máscara que has llevado durante veintisiete años: esas facciones de goma y cartón que durante un cuarto de siglo han cubierto tu verdadera faz, tu rostro antiguo, el que tuviste antes y habías olvidado. Escondes la cara en la almohada, tratando de impedir que el aire te arranque las facciones que son tuyas, que quieres para ti. Permaneces con la cara hundida en la almohada, con los ojos abiertos detrás la almohada, esperando lo que ha de venir, lo que no podrás impedir. No volverás a mirar tu reloj, ese objeto inservible que mide falsamente un tiempo acordado a la vanidad humana, esas manecillas que marcan tediosamente las largas horas inventadas para engañar el verdadero tiempo, el tiempo que corre con la velocidad insultante, mortal, que ningún reloj puede medir. Una vida, un siglo, cincuenta años: ya no será posible tomar entre las manos ese polvo sin cuerpo.

Cuando te separes de la almohada, encontrarás una oscuridad mayor alrededor de ti. Habrá caído la noche.

Habrá caído la noche. Correrán, detrás de los vidrios altos, las nubes negras, veloces, que rasgan la luz opaca que se empeña en evaporarlas y asomar su redondez pálida y sonriente. Se asomará la luna, antes de que el vapor oscuro vuelva a empañarla.

Tú ya no esperarás. Ya no consultarás tu reloj. Descenderás rápidamente los peldaños que te alejan de esa celda donde habrán quedado regados los viejos papeles, los daguerrotipos desteñidos; descenderás al pasillo, te detendrás frente a la puerta de la señora Consuelo, escucharás tu propia voz, sorda, transformada después de tantas horas de silencio:

— Aura . . .

Repetirás: — Aura . . .

Entrarás a la recámara. Las luces de las veladoras se habrán extinguido. Recordarás que la vieja ha estado ausente todo el día y que la cera se habrá consumido, sin la atención de esa mujer devota. Avanzarás en la oscuridad, hacia la cama. Repetirás:

— Aura . . .

Y escucharás el leve crujido de la tafeta sobre los edredones, la segunda respiración que acompaña la tuya: alargarás la mano para tocar la bata verde de Aura; escucharás la voz de Aura:

— No . . . no me toques . . . Acuéstate a mi lado . . .

Tocarás el filo de la cama, levantarás las piernas y permanecerás inmóvil, recostado. No podrás evitar un temblor:

— Ella puede regresar en cualquier momento . . .

— Ella ya no regresará.

— ¿Nunca?

— Estoy agotada. Ella ya se agotó. Nunca he podido mantenerla a mi lado más de tres días.

— Aura . . .

Querrás acercar tu mano a los senos de Aura. Ella te dará la espalda: lo sabrás por la nueva distancia de su voz.

— No . . . No me toques . . .

— Aura . . . te amo.

— Sí, me amas. Me amarás siempre, dijiste ayer . . .

— Te amaré siempre. No puedo vivir sin tus besos, sin tu cuerpo . . .

— Bésame el rostro; sólo el rostro.

Acercarás tus labios a la cabeza reclinada junto a la tuya, acariciarás otra vez el pelo largo de Aura: tomarás violentamente a la mujer endeble por los hombros, sin escuchar su queja aguda; le arrancarás la bata de tafeta, la abrazarás, la sentirás desnuda, pequeña y perdida en tu abrazo, sin fuerzas, no harás caso de su resistencia gemida, de su llanto impotente, besarás la piel del rostro sin pensar, sin distinguir: tocarás esos senos flácidos cuando la luz penetre suavemente y te sorprenda, te obligue a apartar la cara, buscar la rendija del muro por donde comienza a entrar la luz de la luna, ese resquicio abierto por los ratones, ese ojo de la pared que deja filtrar la luz plateada que cae sobre el pelo blanco de Aura, sobre el rostro desgajado, compuesto de capas de cebolla, pálido, seco y arrugado como una ciruela cocida: apartarás tus labios de los labios sin carne que has estado besando, de las encías sin dientes que se abren ante ti : verás bajo la luz de la luna el cuerpo desnudo de la vieja, de la señora Consuelo, flojo, rasgado, pequeño y antiguo, temblando ligeramente porque tú lo tocas, tú lo amas, tú has regresado también . . .

Hundirás tu cabeza, tus ojos abiertos, en el pelo plateado de Consuelo, la mujer que volverá a abrazarte cuando la luna pase, sea tapada por las nubes, los oculte a ambos, se lleve en el aire, por algún tiempo, la memoria de la juventud, la memoria encarnada.

— Volverá, Felipe, la traeremos juntos. Deja que recupere fuerzas y la haré regresar . . .

Notes to the Text

1 "Camión": in Mexico, a bus.

2 Here Fuentes seems to emphasize what is real, ordinary, tangible. By reiterating "tienes que prepararte", for example, he also suggests that it is open to the individual to plan his actions.

3 "Tezontle": a porous volcanic rock used in building.

4 The superimpositions suggest historical and cultural strata, the numbers themselves the abandonment of chronology.

5 That Fuentes should choose to make the doorknocker a foetal canine head is presumably significant.

6 "Saco": jacket.

7 "Ya sé": proof that Felipe is part of a preconceived plan?

8 "casi infantil de tan viejo . . ." and "volverá" are both hints at the *desenlace*. It becomes clear that "volverá", in Consuelo's mind, does not refer to the rabbit.

9 Felipe's mind struggles still to adhere to the normal order. That his appeal to time is invalid seems to be emphasised by the "cuando . . ." sentence — a good example of Fuentes' artificiality.

10 "Te obligarás . . .": is Felipe also the narrator?

11 To whom does "cruzan" refer and who is making the observation? The same question applies to several ensuing verb forms.

12 Felipe's urge to improve on General Llorente's style may link with the superimposition of architectural styles described in the early pages of the text. The references to Napoleon and Maximilian have a basis in fact and are significant in relation to the composition of *Aura* (see Introduction, p.111). It is possible that with "Nada que no hayan contado otros" Fuentes is being ironic about his own storytelling.

13 "Creí que era conejo": having assaulted his reader with symbols and rituals, this may be further irony on Fuentes' part.

14 There are several occasions when Fuentes seems to be trying with words for a cinematic effect.

15 The obscurity of these botanical items and their toxic properties is intentional. They are likely to be unfamiliar to a history teacher, but familiar to the initiated, which in the present instance means Consuelo and/or the author.

16 Accepting that reason will not avail, Felipe looks for reassurance to physical realities.

17 "Será": it must be?

18 It is as if Felipe has a chance to escape the mystery by persuading Aura out of it, but he is sufficiently intrigued to adduce a real-world reason for remaining part of it.

19 The bell which has summoned him to eat also warns him off, providing a pointer to the physical descriptions in the final scene.

Bibliography

General

Apart from the histories and surveys of literature of Latin America, and other works quoted previously in the Introduction, the following may be found useful for a general view of Fuentes' works and for details of his life.

L. Befumo Boschi and E. Calabrese:	*La nostalgia del futuro en Carlos Fuentes* (Buenos Aires: 1974)
John S. Brushwood:	*Mexico in its Novel* (Austin: University of Texas Press, 1966)
Emanuel Carballo:	*19 protagonistas de la literatura mexicana del siglo XX* (Mexico City: Empresas Editoriales, 1966)
Helmy F. Giacoman (ed):	*Homenaje a Carlos Fuentes* (New York: Las Américas, 1972)
Daniel de Guzmán:	*Carlos Fuentes* (New York: Twayne, 1972)
Walter M. Langford:	*The Mexican Novel Comes of Age* (Notre Dame: University of Notre Dame Press, 1971)
Alberto N. Pamies and C. Dean Berry:	*Carlos Fuentes y la dualidad integral mexicana* (Miami: Ediciones Universal, 1969)
Richard Reeve:	"An Annotated Bibliography on Carlos Fuentes", *Hispania* (LIII, 1970), pp. 595-652
Richard Reeve:	"Carlos Fuentes" in J. Roy (ed) *Narrativa y crítica de nuestra América* (Madrid: Castalia, 1978)
Donald L. Shaw:	*Nueva narrativa hispanoamericana* (Madrid: Cátedra, 1981)
Joseph Summers:	*After the Storm: Landmarks in the Modern Mexican Novel* (Albuquerque: University of New Mexico Press, 1968)

On *Aura*

J. Alazraki:	"Theme and System in Carlos Fuentes' *Aura*", in R. Brody and C. Rossman (eds), *Carlos Fuentes: A Critical View* (Austin: University of Texas, 1982), pp. 95-105
Ana María Albán de Viqueira:	"Estudio sobre las fuentes de *Aura*, de Carlos Fuentes", *Comunidad* (II, 8, Agosto, 1967), pp. 396-402
E. Bejel & E. Beaudin:	"*Aura* de Fuentes: La liberación de los espacios simultáneos", *Hispanic Review* (XLVI, 1978), pp. 465-73
F. Dauster:	"The Wounded Vision: *Aura, Zona Sagrada* and *Cumpleaños*", in R. Brody and C. Rossman (eds), *Carlos Fuentes: A Critical View* (Austin: University of Texas, 1982), pp. 106-20
Lanin A. Gyurko:	"Identity and the Demonic in Two Narratives by Fuentes", *Revista de Letras* (VI, 1974), pp. 87-118
Julia Cuervo Hewitt:	"La vida de la muerte en *Aura* de Carlos Fuentes", in G. C. Martín (ed), *Selected Proceedings: 32nd Mountain Interstate Foreign Language Conference* (Winston-Salem: Wake Forest University, 1984), pp. 103-12
Argenis Pérez Huggins:	"Lo fantástico como indicio significativo en *Aura*", *Letras* (XXXII-XXXIII, 1976), pp. 63-85

T. E. Kooreman: "Reader Interest in *Aura*", in C. Vera and G. R. McMurray (eds), *In Honor of Boyd G. Garter: A Collection of Essays* (Laramie: University of Wyoming, 1981), pp. 25-34

B. Lagos Oteiza & "*Aura* de Carlos Fuentes: Contribución a su análisis", *Káñina*
M. L. López Oroz: (IV, 1980), pp. 39-48

Susan F. Levine & "Poe and Fuentes: The Reader's Prerogatives", *Comparative*
Stuart Levine: *Literature* (XXXVI, 1984), pp. 34-53

Celso de Oliveira: "Carlos Fuentes and Henry James: The Sense of the Past", *Arizona Quarterly* (XXXVII, 1981), pp. 237-44

José Otero: "La estética del doble en *Aura*, de Carlos Fuentes", *Explicación de Textos Literarios* (V, 1976), pp. 181-89

Gerald Peterson: "Two Literary Parallels: 'La cena' by Alfonso Reyes and *Aura* by Carlos Fuentes", *Romance Notes* (XII, 1970), pp. 41-44

Nelson Rojas "Time and Tense in Carlos Fuentes' *Aura*", *Hispania* (XLI, 1978), pp. 859-64

Santiago Rojas: "Modalidad narrativa en *Aura*: realidad y enajenación", *Revista Iberoamericana* (CXII-CXIII, 1980), pp. 487-97

Peter Standish: "Intention and Technique in Fuentes' *Aura*", *IberoAmerikanisches Archiv* (VI, 1981), pp. 293-308

Janice Geasler Titiev: "Witchcraft in Carlos Fuentes' *Aura*", *Revista de Estudios Hispánicos* (XV, 1981), pp. 395-405

Adriana L. Tous: "*Aura*: lo mítico en Carlos Fuentes", in A. Gutiérrez de la Solana and E. Alba-Buffill, *Festschrift José Cid Pérez* (New York: Senda Nueva Eds., 1981), pp. 275-80

Ileana Viqueira: "*Aura*: Estructura mítico-simbólica", *Revista de Estudios Hispánicos de Puerto Rico* (VIII, 1981), pp. 25-33

Lois Parkinson Zamora: "A Garden Inclosed: Fuentes' *Aura*, Hawthorne's and Paz's 'Rappaccini's Daughter', and Uyeda's *Ugetsu Monogatari*", *Revista Canadiense de Estudios Hispánicos* (VIII, 1984), pp. 321-34

Eileen M. Zeitz: "La muerte: una nueva aproximación a *Aura*", *Explicación de Textos Literarios* (XII, 1983-84), pp. 79-89

Lightning Source UK Ltd.
Milton Keynes UK
UKOW06f111071015

260025UK00001B/33/P